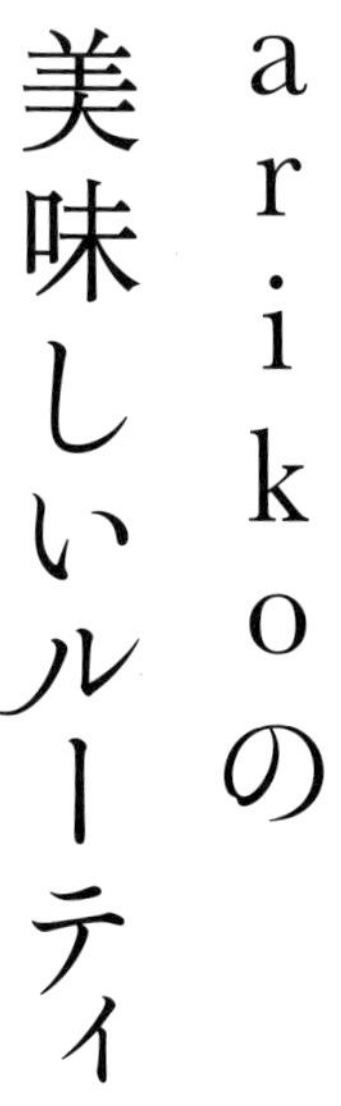

arikoの美味しいルーティン

arIko

はじめに

担当編集者より

この本の方向性を決めたのは『かつおの冷製パスタ』（P20）について話していたときのことでした。アリコさんが「このパスタって、似ているものがない味なんだけど、皆さん、どういうイメージで再現されているのかな」と疑問を投げたのです。

ご存じの方も多いと思いますが、このパスタはアリコさんにとってシグネチャーともいえる一品。何十年と作り続けている、息子さんもお気に入りのメニューです。続けてアリコさんは言いました。「麺の水切りが甘いと味がぼやけるし、濃いバルサミコ酢を使うと味のバランスが悪くなっちゃうし」。

詳しいコツは本文をご覧いただきたいのですが、このパスタのように、最低限のレシピだけではわからないことを伝えたい、アリコさんの料理の美味しさを再現するポイントを伝えたい、とこの本の軌道を固めました。

私は『ａｒｉｋｏのごはん』の編集も担当しているのですが、アリコさんは、頭の回転が早くパッパッと行動する、どちらかといえばややせっかちなタイプです。ですが、いざ料理をするとなると、それらは影を潜めることに前の本の制作時から気づいていました。ひと言でいうなら、尋常ならざるレベルで〝繊細で丁寧〟なのです。

プロの料理人のような極小さで刻まれるみじん切り。水け、油けなどに対する気配りに、料理に合わせた温度に対するこだわり。そういったアリコさんが当然と思ってしているることを、私をはじめとしたスタッフが指摘すると「え、当たり前でしょ?」。ご本人にとっては当たり前のことで意識されてもいないのですが、私たちにとっては驚くことがたくさんあります。素材の組み合わせの新しさや、〝映える〟美味しそうな見た目に注目しがちですが、アリコさんの料理の美味しさを支えているそうした要素も、この本では伝えたいと思っています。

またアリコさんといえば、電子レンジを使わない(持っていない)ことでも知られています。冷凍ご飯はどうするの? 少量の野菜をゆでたい時は? 冷凍食品は買わないの? ——といった疑問が思い浮かぶのですが、それも「蒸し器があるから必要ないんですよね」とあっさり。

だからといってアリコさんは、〝料理はイチから手作りじゃなきゃ〟、〝食材はすべてオーガニック〟といった考えの方ではありません。編集・ライターという仕事を持つ主婦として毎日のごはん作りはいかに効率よくできるかを考え抜いてきました。電子レンジこそ使いませんが、フライパンは鉄製にこだわりませんし、圧力鍋での時短にも頼ります。スーパーのお惣菜や市販品もおおいに利用します。働きながら日々美味しい食事を用意するのは大変ですが、自分の美味しさの基準を満たすためには、何が必要で何がいらないのかをアリコさんはわかっているのです。

そして、インスタグラムをフォローされている方はお気づきかもしれませんが、アリコさんが作る料理はご家族のためのもの。こんなに料理上手だったらもっとホームパーティを開けばいいのに、などと余計な考えがよぎりますが、夫と息子のふたりが美味しいと思う味は何なのか、（そもそもアリコさん自身が無類の食いしんぼうとして）わが家にとっての美味しい味は何なのかを真摯に追求してきた結果が、多くの方にとっても美味しいと思える味に繋がっているのだと思います。

アリコさんの料理の美味しさの裏側にあるものは何なのかを伝えたい、また、読者の皆さんが作るときの味の再現性を上げたいと思って、この本を企画しました。アリコさんが意識せずに行っていることを紹介したいという意図を伝えたく、このたびは「はじめに」を担当編集者から申し上げました。また、本文におきましても、ライターと編集が（読者の皆さんに代わって）アリコさんにお尋ねする、という対談形式をとっています。読んだあとに料理を作りたくなる、料理することがわくわくする、そんな気持ちになっていただけることを願っております。

目次

Part 6 お店で知った味

Part 7 やっぱり茶色めし

Part 1 うちの定番

バルサミコ酢も料理次第で選びます。冷製パスタにはさらっと甘酸っぱいものを。

——アリコさんの味といいますか、おうちでの定番メニューをまずは知りたいです。

インスタなどを見て「作ってみました！」という声をいただくのですが、正しく味を伝えられているかな？　と心配になってしまうことはありますね。わが家の頻出メニュー、息子の大好物の『かつおの冷製パスタ』（P20）もそのひとつです。

——これまでの料理本でも紹介されていますが、ぜひコツを詳しく教えてください！

これは、料理研究家の井上絵美先生に教えていただいたレシピをもとにしています。20年以上も作り続けているうちに、少しずつわが家流になっていったところがあるかもしれません。

——基本的なことからお尋ねすると、使うパスタはフェデリーニなんですね。

さらっとしたオイル系のソースがからむように、細めのフェデリーニがおすすめです。

——それより細いカッペリーニだとどうですか？

カッペリーニだとソースがちょっとからみすぎちゃう。そしてフェデリーニより太いスパゲッティだと逆に物足りない気がします。【＊1】

——ソースはオリーブオイルをベースにした、わりとシンプルなものですね。

まずはにんにくがカリカリになるまで火にかけて、ガーリックオイルを作るんです。ここで香りをしっかりとオイルに移しておきます。そして塩こしょうとバルサミコ酢、エシャロットの風味を加えます。【＊2】

——ガーリックオイルに味付けしていくというイメージで……

はい、そしてじつはこの料理のポイントのひとつが、加えるバルサミコ酢なんです。しゃば

【＊1】
パスタの太さ
（おもなロングパスタ）
カッペリーニ
↓0.9～1.3㎜
フェデリーニ
↓1.4～1.5㎜
スパゲッティーニ
↓1.6～1.7㎜
スパゲッティ
↓1.8～1.9㎜

【＊2】
エシャロットは代用できる？
小さい紫玉ねぎのような形状のエシャロット。代用するなら？という質問もくるそうですが、まずはエシャロットで作ってアリコさんの味を再現してみてください。ちなみに「エシャレット」とは別物。

しゃばした甘酸っぱいタイプがおすすめです。

――10年熟成、といったものじゃなくていいんですね。

そうそう。トロッとして濃厚な甘みがある高級なものじゃなくて、手に入りやすい価格帯のバルサミコ酢がむしろいいんです。私が使っているのは、アドリアーノ・グロソリ「アチェート・バルサミコ・ディ・モデナI.G.P.」。ワインビネガーほど酸っぱすぎず、甘さと酸味のバランスがいいと思います。

麺は水けをしっかり取ってからソースをからめて。メリハリのきいた味わいの秘訣です。

そして、ゆで上げたパスタを冷水で締めたら、キッチンペーパーでしっかりと水けを取ること。これ、かなり重要です！

――ざるに上げてちゃっちゃっと振るだけで済ませていました……

水分が残っていると、せっかくのソースが薄まって味がぼやけてしまうんです。私は、麺をひとつかみずつ、キッチンペーパーで軽く包むようにして水分を取っています。【＊3】難しい工程がないからこそ、ちょっとしたことで仕上がりが違ってきます。ソースをからめるときも麺とかつおは別々に。同じソースだから麺も具材も一緒に和えたくなりますが、それぞれに味を付けるというのも大事なコツ。そうすることで味に奥行きが出るというのかな、メリハリがつくんですよ。【＊4】

――確かに、味がピシッと決まっていて美味しい！ ここ、端折らないようにします。

そしてそれぞれ必ず味見を！ 塩けと酸味（バルサミコ酢）を確認して、好みの味に調整し

【＊3】
水けのコントロールは重要です

料理の味が決まらないという人は水けのせいで味がぼやけている可能性大。アリコさんおすすめは、フェルトタイプの「クッキングペーパー」。濡れた野菜を包んで絞っても破れにくく、吸水性が高い。

【＊4】
麺と具材の味付けは別々に

こちらのパスタだけでなく、冷やし中華も同様に、水けをしっかり取った麺にごま油と塩で下味をつけておくのがアリコさん流。

ておきます。盛りつけちゃった後だと調整が大変ですから。そうそう、かつおはたたきを使ってもいいですし、代わりにまぐろの赤身でもさっぱりとして美味しくできます。

味の決め手、サワークリームを入れたら煮込みすぎないように気を付けて。

この『白いビーフストロガノフ』（P22）のレシピは実家の母譲りで懐かしさのある味です。秋冬になると食べたくなる一品です。

――メニュー名の通り、色合いが特徴的ですね。

トマトソースの類は一切使っていなくて、この色はサワークリーム仕立てだからなんです。具材はスタンダードに牛肉、玉ねぎ、きのこだけ。

――牛肉は、炒める前に小麦粉をまぶしておくんですね。これは柔らかくなるから？

それもあるし、煮込んだときにちょうどいいとろみがつくんです。

――なるほど。ルウを使わなくてもいいわけですね。

玉ねぎを炒めるときに小麦粉を加えるレシピもありますが、このビーフストロガノフの場合、サワークリームのさわやかな酸味を活かして軽く仕上げたいんです。クリームシチューのようにぽってりととろみをつけるのは好みではなくて。でも、この作り方だとごく自然なとろみがつきます。これがポイントといえばポイントかな。

――そして、炒めた牛肉は一度フライパンから取り出しておく。

あとで煮込むので、表面の色が変わるくらいで大丈夫です。炒めすぎると硬くなるので面倒がらずに取り出してください。

――玉ねぎを炒めるときに気を付けることはありますか？

水けがなくなってしんなりするまで、弱火でじっくり、焦がさないように。飴色になるまで炒める必要はないんです。白く仕上げたいので。煮込むときの注意点は、最後にサワークリームを加えるときでしょうか。サワークリームを入れてから煮すぎると分離しちゃうんです。加える→溶けたら完成、くらいでいいと思います。【＊5】だから煮込み時間は15分くらい。意外と時短メニューです。もう少しコクがほしいなと思ったら、煮込むときに「グラス・ド・ヴィアンド」を足してもいいですよ。

――それって何ですか⁉

牛肉のだしを煮詰めて濃縮させたものです。少しプラスするだけで旨みが加わります。【＊6】

――凝縮した洋風の〝だしの素〟ですね。ほかの煮込み料理にも使えそうです。

今回のレシピでは牛肉は薄切りもも肉にしてありますが、切り落とし肉でもいいし、あえて焼き肉用を使って食べごたえを出すときもあります。

――サワークリーム仕立てと聞いて、こってり味かと思ったら意外にもあっさりしています。

サワークリームのフレッシュな酸味がきいてますよね。ご飯もバターライスではなく普通の白いご飯がおすすめです。

絵美先生直伝のドレッシングは粒マスタードの酸味にしょうゆのコクがきいた万能な味。

――次に副菜の2品について教えてください。どちらもぱっと見は簡単そうですが……

はい、手軽に作れて見栄えもいいメニューですよ。『マッシュルームとクレソン、いんげんの

【＊5】
サワークリーム
生クリームを乳酸菌で発酵させたもので、さわやかな酸味が特徴。ボルシチやじゃがいもに添えたりも。室温で放置すると分離しやすいので、使う直前に冷蔵庫から出す。

【＊6】
グラス・ド・ヴィアンド
牛肉のだし、フォン・ド・ヴォーを煮詰めて凝縮させたもの。料理に少量加えると深みとコク、ツヤが加わる。

サラダ』(P24)は、とにかく粒マスタードドレッシングが美味しいんです。これも井上絵美先生の教室で習ったものなんですが、サラダはもちろん、今ではドレッシング自体がうちの定番となりました。

——粒マスタードにオイル、ビネガー、塩、こしょうはドレッシングのレシピとしてはよくありそうですが……そこにしょうゆが入るんですね。

隠し味程度、ほんの少量なんですけど、それでコクがぐっと出るんです。このドレッシングのおかげで、サラダがおかずにもおつまみにもなります。

——粒マスタードはおすすめのメーカーがありますか?

わが家は「マイユ」一択です。マスタードシードの粒感がしっかりあって、いい意味でクセがないと思います。酸味があるところも、酸っぱいものが好きな私は気に入っています。あと、大抵のスーパーで売っていて手に入りやすいというのも家庭料理には大切ですよね。お好みのマスタードで作っていただいていいんですが、選ぶポイントはマスタードの「粒感」です。

——特別な材料がいらないのは嬉しいです。混ぜるだけですし!

このドレッシング、ゆでた野菜、グリルした肉や魚にかけても美味しいですよ。

——クレソン、いんげん、マッシュルームの組み合わせもいいですね。

いんげんのかりっとした歯ごたえとマッシュルームの独特な食感にクレソンの風味、と食べて楽しい、見た目もきれいなサラダです。フレッシュなマッシュルームがあったら、このサラダはおすすめです。マッシュルーム好きなら、もっと厚めに切っても。【*7】

——クレソンといんげんの食感も楽しくて、もりもり食べられちゃいます。

コツと言えば、いんげんとマッシュルームを先にドレッシングで和えること。それからクレソンを加える、という順番です。一気に混ぜたくなるかもしれませんが、いんげんのような硬い

【*7】
生のマッシュルーム
マッシュルームって生でも美味しいんですかと尋ねられるそう。ぜひお試しを! 白くてツヤがありしっかり固いものを選んで。ブラウンマッシュルームでも美味しい。

アリコさんのサラダルール

ドレッシングの油は控えめにする。

酢と乳化するまで油を加えると、もたっとした味になりがち。
一般的なレシピの油と酢が「2対1」という割合より
油を少なめにすることでさらっとしたドレッシングになり、
塩味や酸味がしっかりと効いて、素材の味わいが引き立ちます。

ものとふんわりとしたクレソンを一緒に和えると、味が均一にのらずにムラが出ちゃうんです。

——確かに……！

しかも、しっかり味をからませようとして混ぜすぎると、クレソンはしなしなになりシャキッとした食感がなくなってしまいます。だから、硬いものや水けが出ないものから味をまとわせて、次に、薬物を加えてさっくり和えるようにすると、味がピシッと決まります。

イタリアンの定番、カプレーゼはジューシーな季節のフルーツを使ってもＯＫ。

新鮮なブッラータチーズが手に入ったら作りたくなるのが『ブッラータチーズとミニトマトのカプレーゼ』（Ｐ26）です。

——イタリアンに行ったら必ずオーダーしてしまうメニューです（笑）。ミニトマトは縦半分に切ったり、横半分に切ったり、ランダムなんですね。

断面がいろいろでかわいいと思って。今回はトマトで作りましたが、フルーツを合わせても美味しいですよ。

——アリコさんは料理にフルーツを上手に取り入れている印象です。どんなフルーツを合わせていますか？

トマトにいちごをミックスしたり、桃も合いますし、いちじく、洋梨、シャインマスカット、プラムを使ったこともあります。季節のフルーツでぜひ試してみてください。【＊8】 ブッラータチーズが見つからなかったら、フレッシュなモッツァレラチーズでも美味しいですよ。

——それらをドレッシングで和えるだけ……ここでは白いバルサミコ酢を使うんですね。

【＊8】
ブッラータチーズ×フルーツ
ブッラータチーズがなければモッツァレラチーズでもOK。フルーツを料理に使う場合は、スイカ×塩のように塩けのあるものと組み合わせて。例えば、生ハムにはぶどう、マンゴー、柿などを合わせたり、ブルーチーズにいちじくを添えたりしても相性◎。

これはホワイトバルサミコを使うのが味の決め手です。酸味がありつつ甘みもあって、仕上がりの色合いも邪魔しません。「アルチェネロ 有機ホワイトバルサミコ ビネガー」が手ごろなお値段でいいですよ。味が濃すぎず、トマトやフルーツを引き立ててくれるような気がします。

——この料理でも、トロッと濃厚なものよりさらさらの甘酸っぱいバルサミコ酢が向いているんですね。

熟成された濃厚なバルサミコ酢は、バニラアイスにちょっとたらしたり、『タリアータ』（P128）などの肉料理にソースとして使うのがいいんじゃないかな。

——ドレッシングの酸味をレモン汁にするのはどうですか？

レモンだと酸が立ちすぎちゃうかなあ。ブッラータチーズと桃の組み合わせのときにレモンの皮を散らしたりしますが、そのくらいの香りを足すのはいいと思うけれど……　ブッラータチーズがまろやかな味わいだから、レモン汁みたいな強い味を合わせるのはもったいないと思います。オリーブオイルに塩こしょう、そしてホワイトバルサミコ酢で味の輪郭を立てる、というイメージでしょうか。このメニューは、まず見た目の華やかさがそそりますよね。そして、とろりと広がるミルキーな味わいがたまりません！

かつおの冷製パスタ

【材料／2人分】

パスタ（フェデリーニ）…200g
かつお（刺身用）…½さく
バジル…1枝
ソース
　にんにく…1かけ
　エシャロット…½個
　オリーブオイル…大さじ4
　バルサミコ酢…大さじ3
　塩…小さじ1
　こしょう…少々

【下ごしらえ】

かつおは1㎝角に切る。にんにくとエシャロットはみじん切りにする。バジルは葉をちぎる。

【作り方】

❶ソースを作る。フライパンにオリーブオイルとにんにくを入れて弱めの中火にかけ、カリッとして香りが出るまで炒め、火を止める。完全に冷めたら、エシャロット、バルサミコ酢、塩、こしょうを加え混ぜる。

❷鍋にたっぷりの湯を沸かし、湯に対して1.5％の塩（分量外）とパスタを入れ、パッケージに表示された時間通りにゆでて冷水に取る。キッチンペーパーで水けをしっかりと取ってボウルに入れ、①のソースの半量を加えて和える。味をみて物足りなかったら、塩、こしょう、バルサミコ酢（すべて分量外）で味を調えて器に盛る。

❸②のボウルにかつおとソースの残りを加えて和え、パスタにのせてバジルを添える。

【美味しいメモ】
1
麺の水けを
しっかり取ると
味が薄まらない。
2
麺と具それぞれに
ソースをからめて
奥行きある味に。

白いビーフストロガノフ

【材料／4人分】

牛もも薄切り肉…400g
玉ねぎ…2個
マッシュルーム…1パック
しめじ…1パック
サワークリーム…200g
バター…50g
水…600㎖
コンソメ顆粒…小さじ2
薄力粉…大さじ2
塩…小さじ2
こしょう…適量
ご飯…茶碗4杯分
パセリのみじん切り…適量

【下ごしらえ】

牛肉はひと口大に切り、塩とこしょう（分量外）をふってから薄力粉を薄くまぶす。玉ねぎは縦半分に切り、繊維に沿って薄切りにする。マッシュルームは薄切りにする。しめじは石づきを取って小房に分ける。

【作り方】

❶フライパンにバター10gを入れて中火にかけ、バターが溶けたら牛肉を入れて炒め、表面の色が変わったら取り出す。

❷①のフライパンにさらにバター10gを入れて溶かし、マッシュルームとしめじを加えて炒める。

❸鍋に残りのバター30gを入れて弱火にかけ、バターが溶けたら玉ねぎを加えて水けがなくなるまでじっくりと炒める。水とコンソメ顆粒を入れて中火にし、沸騰したら①の牛肉と②のきのこを加えて弱火で15分ほど煮込む。

❹とろみがついたらサワークリームを入れて溶かし混ぜる。塩、こしょうで味を調え、ご飯とともに器に盛り、パセリを散らす。

美味しいメモ
1
牛肉に薄力粉をまぶすことで自然なとろみが。
2
分離しやすいサワークリームは火にかけすぎない。

マッシュルームとクレソン、いんげんのサラダ

【材料／2人分】

クレソン…1束
いんげん…10本
マッシュルーム…8個
ドレッシング
オリーブオイル
…大さじ3
白ワインビネガー
…大さじ2
粒マスタード
…小さじ1
しょうゆ…小さじ1
塩、こしょう
…各少々

【作り方】

❶クレソンは4㎝長さに切る。いんげんは筋を取り、塩少々（分量外）を加えた湯で2分ほどゆでて4㎝長さに切る。マッシュルームは3㎜の厚さに切る。
❷ボウルにドレッシングの材料を入れて混ぜ合わせる。
❸②のボウルにいんげんとマッシュルームを入れて和える。クレソンを加えてさっくりと混ぜ合わせ、器に盛る。

【美味しいメモ】

1 ― 隠し味にしょうゆを使ったドレッシングでおつまみ風にも。

2 ― 硬い具材にドレッシングをからめてから、葉物を和える。

ブッラータチーズとミニトマトのカプレーゼ

【材料／2人分】

ブッラータチーズ…1個
ミニトマト…1.5パック（18〜20個）
バジルの葉…5〜6枚
ドレッシング
オリーブオイル…大さじ2
ホワイトバルサミコ酢…大さじ1
にんにくみじん切り…少々
塩…小さじ½
こしょう…少々

【作り方】

❶ボウルにドレッシングの材料を入れて混ぜ合わせる。ミニトマトはランダムに縦半分、横半分に切り、ボウルに加えて和える。

❷①を器に盛り、ブッラータをのせる。お好みでオリーブオイル、塩、こしょう（すべて分量外）をかけ、バジルの葉を散らす。チーズを崩しながらいただく。

▼ブッラータチーズって？
↓モッツァレラチーズの生地で、生クリームと繊維状に切ったモッツァレラを巾着袋のように包んだフレッシュチーズ。

【美味しいメモ】

1 ― 素材を引き立ててくれるホワイトバルサミコ酢が◎。

2 ― ミニトマトの代わりに旬のフルーツを使ってもOK。

Part 2 中華が好き

ねぎ、しょうが、
にんにくのみじん切り。
中華料理を美味しく作るコツは
これに尽きます。

——中華ってテクニックがいるから難しい印象なのに、アリコさんはレパートリーが多くて驚きです。

若い頃から長い間、中華料理を習っていたことがあるんです。実は、中華料理全般にいえるコツがあるんですよ。まず、ねぎ・しょうが・にんにくの香味野菜を丁寧にみじん切りにすることだと思います。【＊1】

——調理以前の段階ですね⁉　これがポイントですか？

大半の中華料理って、材料を揃えて一気に作るものだと思うんです。そして中華には、この3つのどれかが必ず使われていますよね。だから、たっぷり用意しておくことが大切なんです。

——レシピの分量ではなく、たっぷりですか？

ねぎを買ってきたら1本全部、にんにくだったら2かけくらいみじん切りにしちゃいます。余っても何かに使えるし、あっても困らないと思います。

——「足りない！」と思ったときにはもう間に合わないのが中華料理ですよね……

煮物以外はスピード勝負というか、段取り勝負。『麻婆豆腐』（P44）のように、初めにしょうがとにんにくを炒めたり、仕上げにねぎをばさっと入れたり、あらゆる工程でこの3つが必要になるんですよ。それに、たっぷりと使ったほうが美味しかったりしますよね。私は「今日は中華っぽいものを作ろうかな」と思ったら、香味野菜3種類をみじん切りにするところから始めます。そして、合わせ調味料もすぐ使えるように、小さなボウルなどに混ぜ合わせておきます。材料を準備しておく、中華料理のコツはこれに尽きるかもしれません。

——取り急ぎ、みじん切りを頑張りますが……アリコさんのみじん切りは本当にきれい。

よく切れる包丁だったら、そこまで苦じゃないと思うんです。だからいま一度、包丁の切れ味を確認してみて。研屋さんに出さなくても、その日一日はサクサク切れるくらいに家庭用の

【＊1】
みじん切り
アリコさんの料理の特徴ともいえるのが美しいみじん切り。この3種は多めに切っておき、余ったら冷蔵庫で保存するか、オイル漬けにしておくと炒め物などにさっと使えて便利。

研ぎ器でお手入れするのがおすすめです。

――切れ味がいまいちな包丁だから、みじん切りに苦手意識があったのかもしれません。切れない包丁を使うと素材がぐちゃっとなるけど、スパッと切れたら味を損なうこともないですよね。ねぎ、しょうが、にんにくっていわば味を支える陰の主役。この3つのクオリティが高いと料理の仕上がりがかなり違います。包丁ひとつで料理の出来って左右されると思います。

ひき肉は粘りが出るまでよくこねて、具材を混ぜ合わせたら、冷蔵庫でなじませます。

――人気の『焼き餃子』（P42）には、たね・包み・焼きという3つの要所がありますよね。アリコさん家のたね作りのポイントを教えてください。

うちの餃子は、まず刻んだキャベツに塩をふって、水けが出たらしっかり絞ります。白菜を使うこともありますが、こちらも同様です。野菜の水分で餃子がべちゃっと水っぽくなるのを防ぎます。

――お肉はどうでしょうか？

塩をふってよくこねることが大事です。【＊2】こうすることで、お肉のたんぱく質がからみ合って粘りけが出て、肉汁が流れ出るのを防いでくれるそうです。食べたときにじゅわっと肉汁があふれる餃子になるコツです。『煮込みハンバーグ』（P114）も同じで、ひき肉には塩を入れて粘りが出るまでよく練るのは鉄則です。【＊2】

――粘りが出てから、調味料や野菜を加えるんですね。それから冷蔵庫へ30分入れておくのはどうしてですか？

【＊2】
ひき肉＋塩でよくこねる
ひき肉は塩を加えてよく練ることで、粘りが出て肉の美味しさを閉じ込められる。餃子のたねだけでなく、ハンバーグや肉だんごも同じ。

たね全体をなじませるという理由が一つ。混ぜたばかりの野菜に肉の旨みや調味料が移って、味にまとまりが出ます。そして、こねたり混ぜたりしているうちに脂が溶けて柔らかくなったたねをまとまりよくして、皮で包みやすくなります。これがもう一つの理由です。

――たねは無事に完成しても、アリコさんのようにきれいに包む自信がありません。

皮選びが重要なんですよね。うちの餃子が美味しくきれいにできるのは、鎌倉にある邦栄堂製麺のおかげと言ってもいいくらい。羽二重餅のようにもちっと伸びがよくて、包みやすいんです。【＊3】多少たねをのせすぎちゃったかな、と思っても皮を伸ばして包めちゃう。焼けばカリッと香ばしくて、本当に美味しいんですよ。

――ちなみに、サイズは大と小、どちらを使っていますか？

どっちがいいのか迷っていたときに、工場長さんが「いっぱい食べられるから」って小をすすめてくださって。「なるほど！」と思ってからは小です（笑）。

――個数をたくさん食べるための小サイズ（笑）。じゃあ、食べ応え重視派は〝大〟ですね。

お取り寄せもできるので、機会があれば使ってみてくださいね。この皮でなくても包み方は同じです。ひだの具合とか、そんなに神経質にならなくても大丈夫。底の部分が平らになるように形を整えると、フライパンに並べやすいと思います。

熱湯を注いで蒸し焼きにすることでカリッと香ばしい羽根つき餃子に。

――フライパンを火にかける前に餃子を並べるのは、慌てなくてすむのでいいですね。

円形でも縦でも好きなように、落ち着いて並べてください（笑）。フライパンはフッ素樹脂加

【＊3】邦栄堂製麺
飲食店への卸を中心とする製麺所。小売りにも対応し、お取り寄せ可能。生中華麺（細・中・太・平太）、しょうゆ、担々麺、豚骨、魚介といったスープ各種付き、生そば、餃子の皮（大・小）、水餃子の皮なども。
神奈川県鎌倉市大町5-6-15
☎0467-22-0719

工のものを使えばくっつくこともなく安心です。

——並べたら、熱湯を注いで……

はい、フライパンの温度を下げないように熱湯を注ぐんです。中までしっかり火が通って、表面がカリッとした仕上がりにするためには、絶対に沸かし立ての熱湯で！　皮に打ち粉が付いていたら、焼くことでそれが溶けて〝羽根つき餃子〟っぽくなりますよ。

——盛り付けも、お店っぽくしたいです。

せっかく盛ったのに、お皿に余白があると味気ない気がして、私は好きじゃないんです。だからフライパンと同じくらいのサイズのお皿を使って、ふちまで盛り盛りになるようにしています。お皿いっぱいの餃子って食欲をそそりますよね。いただくときは、定番の酢じょうゆとラー油を用意しつつ、お酢にたっぷりの黒こしょうを入れたたれも作っておきます。これはお好みで。【＊4】

——『麻婆豆腐』（Ｐ44）の下ごしらえでは、お豆腐をお湯で温めるんですね。

豆腐を塩少々を入れたお湯で下ゆでしておくと水切りもできて、型崩れもしにくくなるんですよ。ぐらぐら沸騰したお湯でゆでると硬くなっちゃうから、温める程度にするのがポイントです。【＊5】　もっとしっかり水けを切りたいときはキッチンペーパーに包んで重しをするといった方法がありますが、麻婆豆腐ならこれくらいがちょうどいいと思います。

——全く水切りをしないのは駄目ですか？

お好みで、と言いたいところですが、この下ごしらえはぜひやってみてください。豆腐をそのまま入れると、余分な水分が出てどうしても水っぽいというか味が薄まります。せっかくの肉みその旨みが半減しちゃう。

——レシピでは絹ごし豆腐ですが、木綿豆腐を使ってもいいですか？

【＊4】
餃子の具、たれについて
レシピの具材に、きざんだパクチーやセロリ、フェンネル、クレソンなどを加えても美味しい。たれは、酢じょうゆに「ＬＯＶＥＰＡＫＵ」や「食べるラー油」を足すのもおすすめ。

もちろん！　そこはお好みでどうぞ。どちらを使っても作り方は変わらないです。

――ちなみにアリコさんは絹派？　木綿派？

私はつるんと柔らかい口当たりのものが好きだから絹を使うことが多いですね。でも最近はご飯にかけて食べたいから、それだと木綿のほうがご飯にからむので木綿豆腐を選ぶこともあります。

――木綿のほうが扱いやすそうではあります。

崩れにくいから、失敗したくない方は木綿でしょうか。でも、絹が崩れたからって失敗じゃないし、むしろ本格的な〝四川風〟らしい気も（笑）。

――麻婆豆腐の肉みそ作りでは、最初に炒めるのは豆板醤などですね。

はい、ここでしっかりと香りを立たせます。醤類だけを炒めるレシピもあるのですが、私はにんにくとしょうがも加えています。【＊5】 中華料理人級の神業テクニックがない分、香味野菜を使うことで風味をアップさせるという感じでしょうか。ちなみにこの肉みそを作っておくと、ほかの料理にもアレンジできて便利ですよ。私は倍量くらい作っておいて、麻婆和え麺や麻婆なすにして楽しんでいます。

――香味野菜のひとつ、長ねぎは最後ですか？

シャキッとした歯触りと香りを活かしたいので火を入れすぎないよう最後に。このとき、刻んだニラを入れるのも好きです。味わい深くなって美味しいですよ。

調味料に熱湯を注ぐだけ。意外なほど簡単なのが担々麺です。

【＊5】
麻婆豆腐の
下ごしらえ

これは必ずというのが豆腐の下ゆで。熱湯は不要で、ちょっとゆらさせる程度で十分。そして豆板醤は香りが大事なので、まず炒めることがポイント。

肉みそを作っておくと便利なのは『担々麺』（P52）も同じですね。やはり、にんにくとしょうがを入れて風味を出しています。肉みそだけ作っておいて、市販の担々麺にかけてもいいと思いますよ。邦栄堂製麺でも担々麺スープを販売しているので、わが家はもっぱらそれに頼っています。

――市販品じゃもの足りないときに、こういう肉みそがあるといいですね。

本格的な味になりますよね。ご飯にかけるだけでも美味しいし、こちらも多めに作っておくのをおすすめします。

――自分で担々麺スープを作るときのコツは？

とても簡単なんですよ。器に練りごまなどの調味料を入れて、熱湯を注ぐだけですから。練りごまは瓶入りよりパウチやチューブのものが使いやすいと思います。瓶だと油分と固形分が分離してしまうことがありますよね？　ムラなく混ぜ合わせるのにひと苦労なので、中の見えるパウチタイプがおすすめです。【＊6】

――調味料は少々加減して、自分好みの味にしてもよさそうですね。

私はお酢を少し入れるのが好きなんです。味が締まって、全体にふくらみが出ます。

――そういうときは、どんなお酢を使うんですか？

私は「千鳥酢」を加えています。卓上に小ぶりな瓶で常備しているくらい好きで、わが家では〝味変〟に活躍してます。あとね、お湯の半量を豆乳にすると豆乳担々麺になります。まろやかさが増して、これもおすすめしたいアレンジの一つです。

『油淋鶏（ユーリンチー）』（P46）はカリッとジューシィさが持ち味。鶏肉の下処理をきちんとするだけで、出来上がりの味が違うと思います。『鶏の竜田揚げ』（Ｐ１７８）やから揚げを作るときと同じように、余分な脂の部分を取り除くことがポイント。

【＊6】
練りごま
九鬼産業から出ているパウチタイプの「九鬼純ねりごまSP」を愛用。分離しても袋ごともみほぐして使えるうえ、透明の窓から中身が見えるのも○。

――それがべたつきや雑味のもとになるんですね。

また、鶏もも肉1枚をそのまま揚げると縮んで厚みが出ちゃうから、筋を切っておくのも忘れずに。筋があるところに切れ目を入れ、さらに皮の数ヵ所には包丁の先端で突いて穴を開けておけば大丈夫です。【＊7】

――美味しく揚げるコツってありますか？

揚げ油は、フライパンの底から2㎝くらいの高さまで注げばOKです。皮目から入れて揚げるんですが、下味を付けていると焦げやすいので、初めは低めの温度で。最後に高温でこんがりと仕上げるようにするといいと思います。

――揚げ上がりのタイミングにいつも迷います。どう判断したらいいでしょう？

鶏肉はちゃんと火入れしたいですよね。ある程度揚げてみて火の通り具合が気になったら、一旦、油から取り出しておいてもいいかもしれません。余熱で火が入っていきますから。それから高めの温度でカリッと二度揚げするのがおすすめです。心配だからといって長めに揚げると、ジューシーさがなくなっちゃって揚げすぎという結果に。

――仕上げにかけるのは香味野菜入りのたれですね。

そうですね。甘酸っぱさが合うと思うので、砂糖も加えたたれです。シャキシャキのレタスの上に揚げ立ての鶏肉をのせて、甘酢だれをたっぷりと。レタスごといただくと美味しいですよ。

野菜を色鮮やかにシャキッと仕上げるために、油と塩を加えた湯で下ゆでを。

――『ブロッコリーとアスパラガスのクリーム煮』（P54）は昔ながらの正統派中華、という印

【＊7】
鶏肉の下ごしらえ

余分な脂やぶよぶよの皮を取り除いておくだけで仕上がりの味わいは変わる。包丁でなくキッチンバサミを使っても。火の通りを均一にするため、また縮み防止として筋のところに切れ目を入れておくのもコツ。

象です。
　これは母譲りの味なんです。クリーム煮といえば以前はエバミルクを使っていたのですが、いまでは置いてあるスーパーも少ないから牛乳で作りました。あっさりしているけれど、汁ごと加えた帆立の缶詰のおかげで旨みもたっぷり溶け込んでいます。

――野菜の下ゆでには、油と塩を加えるんですね。

　中華料理では、野菜でも肉でも素材を油にくぐらせる〝油通し〟がよく使われるけれど、ちょっと面倒ですよね。だから、油を加えたお湯でさっとゆでることにしました。色鮮やかになり、煮てもしなしなにならないんです。【＊8】

――彩りも食感もよく仕上げることができるんですね。

　回鍋肉(ホイコーロー)のキャベツやレタスの湯引きでも、油入りのお湯でゆでると、水っぽくならずにシャキッといただけるんですよ。【＊9】

――中華料理を敬遠する理由の一つが油通しでした。これなら手間じゃないですね！

　私はさらに、鶏がらスープの素をちょっとだけ足すこともあります。旨みが加わって、料理の味に奥行きが出ると思います。

失敗しない野菜を1種類だけ使うこと。逆転の発想で、シャキシャキの野菜炒めができます。

――野菜の炒め物ってどうしても水っぽくなって難しいです。

　そう、難しいですよね。だから逆に、〝難しくない野菜〟を選ぶようにしています。

――逆転の発想ですね！

【＊8】
クリーム煮の具材
ほかにおすすめの野菜は、葉物類なら、白菜やチンゲン菜、小松菜も美味しい。かぶなどを使うことも。

何種類も使うとそれぞれに火を通そうとするうちにしなっとなっちゃうんです。だから野菜はあえて1種類に。生でも食べられる野菜なら、『豆苗炒め』（P56）のように失敗しにくいと思います。

――炒めすぎちゃう前に火から下ろせばいいですものね。

だから、レタスも失敗しにくいかな。葉と茎の硬さに差があるチンゲン菜や小松菜などは難しいと思います。あと、炒める前からしなしなだったら美味しく仕上がらないので、水にさらしてシャキッとさせておくのも大切です。あらかじめ水けを含ませておくと、自ら持っている水分で蒸し焼きになってくれます。

――もっともだけど、目からウロコなアドバイスです……

フライパンをカンカンに熱して、野菜を入れても温度が下がらないようにするのもコツですね。道具に頼るなら、バーミキュラのフライパンはおすすめです。高い温度を保って調理できるから美味しくなります。

――高温をキープしていれば、炒め時間も短くていいですものね。

焦げてカピカピにならないように、汁けを保ってちゃんと味をつけたいから、最後に鶏がらスープとお酒を加えてひと混ぜします。そこで水っぽくなっちゃったら、器に盛るときに水分を捨てちゃえばいいんです（笑）。

――すごく合理的です（笑）。

こんなこと言う人はいないかもしれませんが、そうやって作れば何とかなると思います！

――『ピータンザーサイ豆腐』（P58）はお店でよく食べるんですが、殻付きピータンの扱い方を知らなかったです……

食べたことはあるけれど、買ったことがない人ってきっと多いですよね。ピータンは殻をむ

【＊9】
レタスの湯引き

作り方／2人分
鍋に湯(1ℓ)を沸かし、米油(大さじ1)、鶏がらスープの素(小さじ1)、塩(小さじ½)を加え、レタス(½玉)を手でざっくりと割り入れる。さっとゆでたらざるに上げ、水けを切って器に盛りオイスターソース(小さじ1)としょうゆ(少々)を混ぜ合わせて回しかける。

いてすぐはアンモニア臭いから、しばらく放置してニオイを飛ばすんです。これがポイントかな？　うずらのピータンで作ってもきれいですよ。

ピータンは殻をむいてしばらくおいておく。意外と知られていない美味しい食べ方。

──豆腐は木綿がおすすめですか？

このレシピでは、キッチンペーパーで水切りした木綿豆腐を使いました。しっかりとした口当たりを楽しみたい方は木綿で、つるりとしたほうが好みなら絹ごしで作ってみてください。

──柔らかいお豆腐でもＯＫ？

先日、おぼろ豆腐で作ってみたんです。柔らかいからスプーンですくって食べたんですが、ザーサイとねぎのシャキシャキ感がアクセントになって美味しかったです。さっぱりしたいときはおぼろ豆腐もおすすめです。どうせ食べるときに混ぜちゃうから、豆腐を崩さないように水切りに気をつけるより楽ちんですよね（笑）。

旨みを含んだゆで汁を使った煮豚はそのままでも、ご飯や麺にのせても美味しいです。

──ゆでた豚肉をたれにどぶんと浸けておいたり、しょうゆだれを煮からめたり、『煮豚』（P48）にはいろいろな作り方がありますよね。

──アリコさんはいつもどうやって作っていますか？

香味野菜を入れたひたひたのお湯で豚肉をゆでて、そのゆで汁にしょうゆや紹興酒などを加えてさらに煮ていくものです。もしかしたら、一般的なレシピよりは香味野菜が多いかもしれません。ねぎの青い部分はあまり使い道がないし、余っちゃうならたくさん入れたほうが美味しいかな、と思って（笑）。

――ずっと同じお鍋で煮ていくんですか？

そうです、移し替えたりせずにお鍋一つです。とても簡単な作り方ですよ。コツといえば、初めのお湯はたっぷりではなくてひたひたの量にすることでしょうか？

――意外です。お湯が多いとダメなんですね。

ゆで汁を減らしたところに調味料を入れて、さらに煮ていくから、たぷたぷのお湯は必要ないんです。ゆで汁にはお肉の旨みも溶け出ているし、量があるとせっかくの旨みが薄まっちゃうと思います。【＊10】

――おすすめの食べ方を教えてください。

煮上がったばかりの熱々を切ると、そこから蒸気が上がって、水けも旨みも逃げてパサパサになってしまいます。人肌くらいの温度になるまで煮汁の中で落ち着かせてからカットすること。それがしっとり美味しく食べるためのポイントでしょうか。保存するときもスライスしないで塊のままで。『焼き飯』（P50）や『ねぎつゆそば』（P50）でも、使うときに塊から切ることで美味しさを保った煮豚が味わえると思います。煮豚そのままでいただくときは、せっかくの煮汁を煮詰めてたれにして。今回は、食感と風味のよさを楽しめるように、ジャバラに切ったきゅうりと白髪ねぎを添えてみました。

【＊10】
豚肉のゆで方
煮崩れないように、精肉店でチャーシュー用ネットやたこ糸をかけてもらうと手軽。肩ロース以外の部位を使う場合、さっぱり仕上げたいならもも肉、脂多めの柔らかいものが好みならばら肉を選んで。

焼き餃子

材料／30個分

豚ひき肉…200g
キャベツ…1/4個
ニラ…1束
長ねぎ…1/2本
塩…小さじ1/2

A
　サラダ油…大さじ1
　ごま油…大さじ1

B
　しょうがの絞り汁…大さじ1
　鶏がらスープの素（顆粒）…小さじ2
　しょうゆ…大さじ1
　砂糖…小さじ1
　こしょう…少々

餃子の皮…30枚
熱湯…カップ1

下ごしらえ

キャベツは芯を取り、粗めのみじん切りにする。塩小さじ1（分量外）をふってひと混ぜしてしばらくおく。しんなりしたら水けを絞る。ニラは5㎜幅に、長ねぎはみじん切りにする。

作り方

❶ボウルに豚ひき肉と塩を入れて粘りけが出るまでよく混ぜる。Aを加えて全体になじませ、Bを加えてさらに混ぜる。キャベツ、ニラ、長ねぎを加えて混ぜ合わせ、冷蔵庫で30分ほど寝かせる。

❷餃子の皮に①のたねを大さじ1ほどのせ、皮のふちに水（分量外）を付けて、端から5㎜ほどのひだを寄せながら包む。形を整え、底になる部分を平らにする。

❸冷たいフライパンにサラダ油大さじ1（分量外）をひき、餃子を並べ入れる。熱湯を注いでふたをし、強火にかけて蒸し焼きにする。

❹7～8分くらいしてパチパチと音がして水けがほとんどなくなったら、ふたを取り、ごま油小さじ2（分量外）を鍋肌から回しかける。こんがりとした焼き色が付いたらOK。

❺皿をフライパンにかぶせ、フライパンごとひっくり返す。

＊ラー油を加えた酢じょうゆ、酢こしょうなどでいただく。

〔美味しいメモ〕

1 — 肉だねを冷蔵庫で冷やすとまとまって包みやすくなる。

2 — フライパンの温度を下げないように必ず熱湯を。

3 — 熱湯を加えることでカリッと、羽根っぽい焼き上がりに！

麻婆豆腐

【材料／2人分】

絹ごし豆腐…1丁
長ねぎ…½本
肉みそ
　豚ひき肉…150g
　酒…大さじ1
A 豆板醬…大さじ1
　豆鼓（トウチ）（または豆鼓醬）
　…小さじ1
　にんにくみじん切り
　…1かけ分
　しょうがみじん切り
　…1かけ分
B 鶏がらスープ
　…200㎖
　酒…大さじ1
　オイスターソース
　…大さじ1
　甜麺醬（テンメンジャン）…大さじ1
サラダ油…大さじ1
水溶き片栗粉…大さじ3
花椒（ホアジャオ）…小さじ2

【下ごしらえ】

豆腐は2㎝角に切り、塩少々（分量外）を加えた湯に入れて弱火にかけ、温める程度に下ゆでしてざるに上げる。長ねぎはみじん切りにする。Bは混ぜ合わせる。

【作り方】

❶ 肉みそを作る。ひき肉は酒を加えてよく練る。中華鍋にサラダ油とAを入れて弱火にかけ、香りが立ったらひき肉を加えて中火にし、鍋肌に押し広げるようにして肉の色が変わるまで焼きつける。

❷ ①の鍋にBを注ぎ、煮立ったら豆腐と長ねぎを加える。

❸ 再び煮立ったら水溶き片栗粉を少しずつ加えて全体を混ぜ合わせ、ちょうどいいとろみがついたらごま油少々（分量外）を回しかける。

❹ 器に盛り、花椒をかける。

【美味しいメモ】

1 ― 豆腐を下ゆですることで崩れにくく、水切りもできる。

2 ― 麻婆肉みそを作っておけばアレンジメニューも簡単！

油淋鶏（ユーリンチー）

【材料／2人分】

鶏もも肉…1枚

A
- 卵…1個
- しょうゆ…大さじ1
- 酒…大さじ1

たれ
- 長ねぎみじん切り…½本分
- しょうがみじん切り…1かけ分
- にんにくみじん切り…1かけ分
- しょうゆ…大さじ2
- 酢…大さじ2
- 砂糖…大さじ1と½
- ごま油…大さじ1½
- 豆板醤…小さじ1

片栗粉…適量
揚げ油…適量
レタス、青ねぎ…各適量

【下ごしらえ】

鶏肉は余分な脂身を取り除き、身に2cm幅で切り込みを入れ、皮の数カ所に穴を開ける。混ぜ合わせたAに漬けて30分ほどおく。たれの材料は混ぜ合わせる。レタスは細切り、青ねぎは小口切りにする。

【作り方】

❶鶏肉に片栗粉をまぶす。フライパンに底から2cmくらいの高さまで揚げ油を入れて中火にかけ、約160℃になったら弱火にして鶏肉を皮目から入れ、ひっくり返しながら5～6分揚げる。表面がカリッとしてきたら強火にして1分ほど揚げる。

❷①の鶏肉の油を切り、3分ほど休ませてからひと口大に切る。器にレタスを敷いて鶏肉をのせる。たれをかけ、青ねぎを散らす。

【美味しいメモ】

1―味わいを損ねる余分な脂身は丁寧にカット。

2―始めは低めの温度で火を通し、最後に高温でカラッと揚げる。

煮豚

【材料／作りやすい分量】

豚肩ロース肉（ブロック）…1本（500g）

A
長ねぎの青い部分…3本分
しょうが薄切り（皮つき）…2かけ分
にんにく…2かけ

B
しょうゆ…200㎖
紹興酒…100㎖
はちみつ…大さじ2

きゅうり、フリルレタス、長ねぎの白い部分…各適量

【作り方】

❶深さのある鍋に豚肉を入れ、ひたひたの水を注いでAを加え、弱めの中火にかける。あくを取りながら40分ほどゆでる。

❷①のゆで汁を豚肉の高さ半分くらいになるまで減らし、Aを取り除いてBを加える。豚肉をひっくり返しながら20分ほど弱火で煮て、火を止めてそのまま冷ます。

❸鍋から豚肉を取り出し、2cm厚さに切る。残った煮汁は表面に照りが出て約1/3〜1/4量になるくらいまで煮詰めてたれにする。

❹きゅうりはジャバラに切る。長ねぎは白い部分を繊維に沿って細いせん切りにし、氷水に5〜10分ほどさらして白髪ねぎにする。器に豚肉、きゅうり、フリルレタス、白髪ねぎを盛り、③のたれを添える。

【美味しいメモ】

1 ― たっぷりの湯は必要なし！ひたひたの水量でゆでること。

2 ― 煮上がったら即カットせずに粗熱が取れるまで鍋におく。

煮豚アレンジ

焼き飯

【材料／2人分】

煮豚…3〜4cm分
ご飯…茶碗2杯分
卵…2個
長ねぎ…1/4本
鶏がらスープの素（顆粒）…小さじ1
塩…小さじ1/4
酒…小さじ1
米油（またはサラダ油）…大さじ2

【作り方】

❶ 煮豚は5mmの角切りにし、長ねぎは粗めのみじん切りにする。卵は溶きほぐす。

❷ 中華鍋に米油を入れて中火にかけ、卵を流し入れて大きくひと混ぜしたところにご飯を加え、卵と米がなじむように手早く炒める。

❸ 煮豚を入れてさっと炒め、長ねぎ、鶏がらスープの素、塩を加えて炒め合わせる。鍋肌から酒を回し入れひと混ぜする。

❹ 塩、こしょう（ともに分量外）で味を調え、器に盛る。

煮豚アレンジ

ねぎつゆそば

【材料／2人分】

生中華麺…2玉
市販のしょうゆラーメンスープの素…2食分
煮豚…3〜4cm分
長ねぎ…1/4本
塩…適量
ごま油…適量

【作り方】

❶ 煮豚は1cm角の拍子木切りにする。長ねぎは白髪ねぎにして、塩とごま油を加えて和える。

❷ 鍋にたっぷりの湯を沸かし、麺を入れてパッケージに表示された時間通りにゆでる。

❸ 丼にスープの素を入れて、パッケージに表示された量の熱湯（分量外）を注ぐ。しっかりと湯切りした麺を入れ、煮豚と白髪ねぎをのせる。

担々麺

【材料／2人分】

肉みそ
　豚ひき肉…200g
　しょうがみじん切り
　　…大さじ1
　にんにくみじん切り
　　…大さじ1
　酒…大さじ1
　甜麺醤（テンメンジャン）…大さじ2
　しょうゆ…大さじ1
　米油（またはサラダ油）
　　…大さじ1
　ごま油…少々
中華麺…2玉
スープ
　白練りごま…100g
　鶏がらスープの素（顆粒）
　　…大さじ2
　しょうゆ…大さじ2
　オイスターソース…大さじ1
　砂糖…小さじ2
　酢…小さじ1
　熱湯…800mℓ

【作り方】

❶肉みそを作る。ひき肉は酒を加えてよく練る。中華鍋に米油を入れて弱火にかけ、しょうがとにんにくのみじん切り、ひき肉を加えて炒める。酒のアルコール分が飛んだら甜麺醤としょうゆを入れて炒め合わせ、ごま油を加える。

❷器2つに熱湯以外のスープの材料を半量ずつ入れる。

❸たっぷりの湯を沸かし、麺を入れて袋に表示された時間通りにゆでる。途中で青菜（適量／分量外）を加え、しんなりするまでゆでる。

❹②の器に熱湯を注ぎ、よく混ぜてスープを仕上げる。麺を入れて肉みそをのせ、お好みでラー油（各大さじ1／分量外）をかけ、青菜を添える。

【美味しいメモ】

1　ひき肉に酒をもみ込むことでジューシィな仕上がりに。

2　湯の半量を豆乳にした豆乳担々麺もおすすめです。

ひき肉の下ごしらえ

酒を加えて練ることで旨みがアップ。かたまりから叩いて細かくした肉のように、肉々しい味わいを保つ効果が。ビニール袋に肉と酒を入れてよくもみ込むと手も汚れない。

ブロッコリーとアスパラガスのクリーム煮

【材料／2人分】

ブロッコリー
…½株
アスパラガス…4本
しょうがせん切り
…1かけ分

A
牛乳…200㎖
帆立水煮缶
…1缶(55g)
鶏がらスープの素
(顆粒)…小さじ1
砂糖…小さじ1
塩…小さじ½
こしょう…少々

米油(またはサラダ油)
…大さじ1
水溶き片栗粉
…大さじ1
ごま油…小さじ2

【下ごしらえ】

ブロッコリーは小房に分ける。アスパラガスは根元の硬い部分の皮をむき、4cm長さのななめ切りにする。鍋にたっぷりの湯を沸かす。

【作り方】

❶ 沸騰した湯に油大さじ1と塩小さじ½(ともに分量外)を加える。ブロッコリーとアスパラガスを1分ほどゆでてざるに上げる。

❷ 中華鍋に米油としょうがを入れて中火にかけ、軽く炒めてからAを加える。沸騰してきたら水溶き片栗粉を加えて全体を混ぜ、とろみがついたら①を加える。

❸ 煮汁がふつふつとしてきたらごま油を回しかけ、全体をひと混ぜして器に盛る。

【美味しいメモ】

1 ― 油入りの湯で下ゆでして彩りと食感をキープします。

2 ― 帆立缶は旨みたっぷりの汁ごと使うのがポイント。

豆苗炒め

【材料／2人分】

豆苗…2パック
にんにくみじん切り…1かけ分
赤唐辛子…1本
鶏がらスープ…40㎖
酒…小さじ2
米油（またはサラダ油）…大さじ1
塩、こしょう…各少々

【作り方】

❶豆苗は根元を切り落とし、半分の長さに切る。赤唐辛子は種を取り、小口切りにする。
❷中華鍋に米油を入れて中火にかけ、にんにく、赤唐辛子、塩を加え、香りが立ったら豆苗を入れてさっと炒める。
❸火を止めて鶏がらスープと酒を入れ、こしょうをふり、ひと混ぜして器に盛る。

【美味しいメモ】

1 — 豆苗の根元を切り落としたら水にさらしてシャキッとさせて。

2 — フライパンをよーく熱してから素材を入れて手早く炒める。

野菜の下ごしらえと味つけ

炒める前に必ず水にさらしてシャキッとさせておくのが、しなしなの仕上がりにならないコツ。火を止めてから鶏がらスープと酒を加えることで、しっかり味がつきます。

ピータンザーサイ豆腐

【材料／2人分】

木綿豆腐…1丁
ピータン…1個
ザーサイ…小¼個
干しえび…小さじ2
長ねぎみじん切り
…大さじ2
しょうがみじん切り
…小さじ2
A
しょうゆ…大さじ2
酢…大さじ1
ごま油…大さじ1
パクチー…適量

【作り方】

❶豆腐はキッチンペーパーに包んで10分ほどおいて水切りし、8等分に切る。ピータンは殻をむき、水で洗って水けをふき取る。15分ほどおいてアンモニア臭を飛ばしてから1㎝角に切る。ザーサイは薄切りにして15分ほど水につける。水けをふき取ってみじん切りにする（約大さじ1と½になる）。

❷干しえびは15分ほど水に浸して柔らかく戻し、みじん切りにする。パクチーは葉の部分を摘む。Aは混ぜ合わせる。

❸器に豆腐を盛り、ザーサイ、干しえび、ピータンをのせる。長ねぎとしょうがを散らし、Aを回しかけ、パクチーを添える。

【美味しいメモ】

1 ― ピータンはアンモニア臭を飛ばしてから使うこと。

2 ― しっかり食感が好みなら木綿、柔らかめなら絹やおぼろ豆腐を。

豆腐とピータンの下ごしらえ

豆腐をキッチンペーパーで包み、バットなどに10分ほどおいて水切りを。ピータンはまず外側のもみ殻や粘土を洗い落とし、殻をむいたらしばらくおいてアンモニア臭を飛ばす。独特のクセが苦手なら、台湾産のほうが比較的食べやすいものが多い。

レシピというほどのものでもない一品

普段から使っている材料で作る、なんてことのない料理にびっくりするほどの反響が。

——「レシピというほどのものでもない」とは、ごくごく簡単という意味ですよね？

そうなんです。レシピを聞かれても困っちゃうくらい簡単なものばかりなんですよ。でも、そういう料理ほどインスタに投稿したら反響が大きくて。いままでダントツの「いいね！」と保存数をいただいたのは『きゅうりのレモンだししょうゆがけ』（P70）。もっと手の込んだ、映える料理もあるのに（笑）、びっくりしちゃいました。特別な材料を使っているわけでもなく、組み合わせの妙があるわけでもないのに。【＊1】

——出来あがりも見慣れたきゅうりの小鉢、という感じです。

これは揚げ物をやるときによく作る副菜なんですけど、こってりした味に対してパリパリとした食感があるきゅうりが食べたくて。だから、あえて塩もみはしません。味付けはドレッシングの油っぽさはいらないなぁ、でも酢の物の甘酸っぱさでもないなぁと思って、レモン汁とだししょうゆだけでキリッとさせてみました。それを、塩と削り節で仕上げて。

——さっぱりいただけそう。聞くだけで味が想像できました（笑）。

すべて普段から使っている材料だから、作ったことがなくても想像で「なるほど」って共感してもらえるのかな。あえて言うなら、この料理の場合は温度が大事です。いただく前に冷蔵庫でしっかり冷やすことでより食感が活きてきます……なんて、あえて説明するほどでもない簡単な一品です！

【＊1】
インスタで人気の簡単な一品いろいろ「レシピというほどのものでも」ないのですが、「ミニトマトのナムル」（P71）や「洋梨のパルミジャーノがけ」（P75）など。切ってかけるだけの簡単なものの反響が意外と大きいそう。

この素材にはこれ、という見方を変えるだけでいつもの素材でも違うメニューに。副菜の幅が広がります。

〝こう食べがち〟なものの目先を少し変えてみたことで、皆さん、ピンときたのかもしれません。アボカドもそんな食材のひとつですが、目先を変えた『アボカドのナムル』（P71）、いかがでしょう？　アボカドっておしょうゆも合うけれど、液体をつけるとズタズタ（苦笑）になっちゃうじゃないですか。

――特に食べごろのものほど柔らかくて形が崩れがちです（笑）。

でも、このナムルはスライスしたそのままを器に盛って、液体はごま油をさっとかけただけだから、きれいなまま出せるんですよね。そしてねぎじゃなくて、ぜひみょうがを。アボカドにみょうがってすごく合うんです。

――アボカドにみょうが、そしてナムルにする、って初めてでしたが美味しかったです！

例えば、今日の主菜は韓国風の鍋というときに、副菜を考えてみて「ナムルにしようかな」「アボカドがあるな」となると、いつもと違うメニューに展開できますよね。【＊2】

――『ミニトマトのナムル』（P71）もそうですね。おなじみの素材を切っただけ、ですが……

普段はマヨネーズを添えて食べているものを、ナムルにするだけで新鮮に見えますよね。トマトなら、酢の物がほしいなと思ったときにもずく酢に入れた一品もよく作ります。

――「もずく酢トマト」！　あれも〝レシピというほどのものでも〟かもしれませんが、インスタで見てブックマークしてました。

わが家の定番の副菜ですが、インスタを見て作ってくださる方がわりといるみたいです。くし形に切ったトマトをもずく酢に加えるだけですが、もし味が薄まっちゃったらめんつゆかだ

【＊2】
味付けのバリエーション

ナムルならにんにくとごま（油）の応用でバリエーションは無限。サラダにかけがちなマヨネーズも、レモン汁でゆるめたり練乳を混ぜたりするだけで新しい味わいに。アリコさん家の場合、息子さんに「塩とごま油？　酸っぱくしたい？」など味の方向性を相談して決めることも。

ししょうゆを足すといいですよ。細切りにしたきゅうりを一緒に入れても美味しいです。

フルーツをフルーツとしてだけ食べる先入観をなくして、料理に取り入れるのも楽しい。

――『とうもろこしの素揚げ』（P74）は、まず見た目に惹かれます。

片栗粉をまぶして揚げるだけなんですけど、くるんと丸まってかわいいですよね。今回ご紹介したレシピの味付けはバターとしょうゆですが、塩だけでも美味しいですし、パルミジャーノ・レッジャーノを削りかけるときもあります。「APOC」のクレオール スパイス ミックスをかけてライムを搾ると、キューバ料理店「カフェハバナ」のグリルドコーン風にもなります。【＊3】

――パルミジャーノ、使えますね！ 洋梨にかけても美味しかったです。【＊4】

洋梨以外に、桃やいちじくでもいいと思います。ねっとりとした食感のフルーツが合うのかな。ひと口大に切ったフルーツにパルミジャーノをふりかけたら、上からオリーブオイルをかけて黒こしょうを効かせるだけの手軽なレシピです。見栄えのする前菜が簡単にできます。

あじのたたきに薬味を合わせただけですが、よく切れる包丁を使うだけで仕上がりが違います。

――切って混ぜるだけの『あじのタルタル』（P75）も美味しかったです。

コツを挙げるならば、「切って混ぜる」だけだからこそ、よく切れる包丁を使うことが大事です（笑）。青魚って身が柔らかいから切れない包丁でたたきにすると、これまたズタズタになっ

【＊3】
クレオール
スパイス ミックス
料理研究家・大川雅子さんがオーナーのパンケーキ専門店「APOC」オリジナル。ゲランドの塩にカイエンペッパーやクミン、タイムなど9種類のスパイス&ハーブをブレンド。焼いた肉や魚に合うのはもちろん、パンケーキにかけると甘じょっぱい味わいを楽しめる。

豚ばらとレタスの梅酢しゃぶしゃぶ

作り方／2人分

鍋にだし汁（500㎖）を沸かして、梅酢（30㎖）、酒（大さじ2）、しょうゆ（小さじ2）を加える。再び沸騰したら弱火にし、しゃぶしゃぶ用の豚肉（150g）を1枚ずつ広げながら入れる。豚肉が白っぽくなるまで火が通ったら、レタス（½玉）を手で割りながら入れてさっと煮る。器に汁ごと盛り、小口切りの青ねぎをのせる。

ちゃいませんか？　身から脂が出てきてべちゃっとするし。だからぜひ切れ味がいい包丁で。切り口にエッジが立ってふわっと仕上がります。

──はい、あじの旨みもちゃんとあって、エシャロットとイタリアンパセリの風味が効いていました。

刺身からたたきにするのが面倒なときは、買ってきたあじのたたきで作ってもいいと思います。ただこのときも、切れる包丁は大事です。薬味にしても、切れない包丁だと水けが出ちゃいますから。

──『にんじんシリシリ』（P70）はせん切りにしたにんじんを炒め合わせるだけですね。

ツナじゃなく、明太子やたらこで作るときもあります。にんじんのせん切りは包丁でもいいしスライサーでもいいけれど、私はしりしり器を使っています。味がよくしみこむんです。ふと見かけて買ってみたら、力を入れずにせん切りができて重宝しています。

──『豚ばらとレタスの梅酢しゃぶしゃぶ』（P65）の要は、やはり梅酢ですか？

私は、飯島奈美さんが手掛けた「紀州の、うめ酢」という梅酢を使っています。さらさらしていて、塩けもしっかりあって料理に使いやすいんです。

──さっぱりとしていて味が締まるんですね。

でも、梅酢だけだとしょっぱい＋酸っぱい、になっちゃうから、ここではお酒を加えて味わいをふっくらさせています。そして、生のままでも食べられるレタスをさっと煮て。豆苗を使ってもシャキシャキして美味しいと思います。

【＊4】
パルミジャーノ・レッジャーノ
北イタリアの特定地域で生産され、12ヵ月以上の熟成を経たものがパルミジャーノ・レッジャーノとして流通。アリコさんは風味を生かすときはこちらを、加熱するときは惜しみなく使えるニュージーランド産「NZパルメザン」を使用。

よく切れる包丁を使うこと。

素材を切って、調味料をかけるだけ・和えるだけ。
そんな簡単な料理だからこそ、テクニック以上に包丁の切れ味が大切。
切れる包丁を使えば、切り口は美しく、食感や風味を損なわないので
仕上がりが格段に違います。

にんじんシリシリ

【材料／2人分】

にんじん…大1本
ツナ缶…小1缶（70g）
太白ごま油（または米油）…大さじ2
合わせ調味料
酢…大さじ1と½
粒マスタード…小さじ2
だししょうゆ…小さじ2
塩…小さじ1弱
こしょう…少々

【作り方】

❶にんじんは皮をむき、せん切りにする。ツナは油を切り、合わせ調味料の材料と混ぜ合わせる。

❷フライパンにごま油とにんじんを入れて強火で炒める。にんじんの色が濃くなり、全体に火が通ったら中火にして、①の合わせ調味料を加えてさっと炒め合わせ、器に盛る。

きゅうりのレモンだししょうゆがけ

【材料／2人分】

きゅうり…2本
A
レモン汁…大さじ2
だししょうゆ…大さじ2
塩…少々
削り節…1パック

【作り方】

❶きゅうりはヘタを落として皮をしま目にむき、2㎜厚さに切る。冷蔵庫に入れて冷やしておく。Aは混ぜ合わせる。

❷器にきゅうりを盛り、Aを回しかけて塩をふり、削り節をのせる。お好みでごま油（分量外）をかけても美味しい。

ミニトマトのナムル

【材料／2人分】

ミニトマト…1パック（12〜15個）

A
塩…小さじ1弱
鶏がらスープの素（顆粒）…少々
砂糖…ひとつまみ
すり白ごま…大さじ½

ごま油…小さじ2

【作り方】

❶ミニトマトは縦半分に切る。

❷ボウルにミニトマトとAを入れて和え、器に盛る。

▼塩と鶏がらスープの素は、「ろく助塩」小さじ1弱で代用可能。

アボカドのナムル

【材料／2人分】

アボカド…1個
みょうが…1個
塩昆布…大さじ1
塩…少々
鶏がらスープの素（顆粒）…少々
ごま油…適量

【作り方】

❶アボカドは縦半分に切って種と皮を取り除き、8㎜厚さに切る。みょうがは縦半分に切って薄切りにし、水にさらす。

❷器にアボカドを盛り、塩と鶏がらスープの素をふる。水けを切ったみょうがと塩昆布をのせ、ごま油を回しかける。

▼塩と鶏がらスープの素は「ろく助塩」少々で代用可能。

とうもろこしの素揚げ

【材料／2人分】

とうもろこし…1本
片栗粉…大さじ1～2
揚げ油…適量
塩…少々
バター…適量
しょうゆ…適量

【作り方】

❶とうもろこしは長さを半分に切り、縦4等分に切る。ビニール袋に入れて片栗粉を加え、まんべんなくまぶす。
❷フライパンに揚げ油を入れて中火にかけ、約160℃になったらとうもろこしを入れて、くるんと丸まるまで揚げる。
❸油を切って器に盛り、塩をふる。熱いうちにバターをのせ、しょうゆをたらす。

洋梨のパルミジャーノがけ

【材料／2人分】

洋梨…1個
塩…少々
パルミジャーノ・レッジャーノ…適量
オリーブオイル…大さじ1〜2
黒こしょう…適量

【作り方】

❶洋梨は皮をむいて芯を取り、くし形切りにしてからひと口大に切る。
❷器に洋梨を盛り、塩を軽くふる。パルミジャーノ・レッジャーノをたっぷりと削りかけ、オリーブオイルを回しかけて黒こしょうをふる。

あじのタルタル

【材料／2人分】

あじ（刺身用）…2尾分
エシャロット…½個
イタリアンパセリ…3枝
A
しょうゆ…小さじ1
レモン汁…小さじ2
しょうがのしぼり汁…小さじ1
粒マスタード…小さじ½
塩…ひとつまみ
こしょう…少々
オリーブオイル…小さじ2
バゲット（スライス）…適量

【作り方】

❶あじは粗めのみじん切りにする。エシャロットはみじん切りにして水にさらし、キッチンペーパーに包んでしっかりと水けを絞る。イタリアンパセリはみじん切りにする。
❷ボウルに①とAを入れて混ぜ合わせる。器に盛り、お好みでイタリアンパセリ（分量外）を添える。カリッと焼いたバゲットとともにいただく。

器の話

器が好きで、食器屋さんに立ち寄ったり、作家さんの個展を覗いたり、機会があればちょこちょこと買い足しています。そうやって器が増えていっても、何故だか手に取りがちなのはいつも同じものだったりします。数ある丸皿の中でも、意外にも出番が多いのは、高価なわけでもない作家ものでもない一枚。どこで買ったのか、どうしてこれを選んだのかも忘れてしまったほどなのですが、確か、1000円もしなかったと思います。直径は22㎝で、決して大きくはありません。わが家ではメインディッシュをどんと一品ではなく、おかずをいろいろと並べることが多いので、大皿はそれほど必要ないのです。

この丸皿がどんな料理にも合わせやすく、とにかく使える！　鯛のカルパッチョ、おか

料理を盛るときに、つい手に取りがちな作家ものでもブランドものでもない丸皿。合わせやすいのはもちろん、リーズナブルだから取り扱いに気を遣うことなく、登場頻度が高い。

ひじきのソテー、かき揚げ、蒸しなす、餃子、棒棒鶏(バンバンジー)などなど。グレーがかった青い色みのおかげか、和食にも洋食にもエスニックにも違和感がありません。1~2㎝の深さがあって、盛り付けもしやすいのです。特に、そら豆とホタルイカの炒め物、牡蠣とベーコンのソテーといった、素材がバラバラしていてどう盛ってもぐちゃっとなりがちな料理には大助かり。リムに施された縄編みのような装飾が引き締めてくれて、思った以上に〝映える〟のです。シンプルな器のほうが合わせやすいと思いきや、リムのデザインがいい感じのアクセントになって、料理を盛ると様になります。まさか、こんなに活躍するとは思いもせず……もっと買っておけばよかったです(笑)。

　餃子の場合はいつも、焼いているフライパンにお皿のサイズを合わせて、『焼き餃子』(P43)のように縁ぎりぎりまで盛り付けています。お皿いっぱいにのせるとお店みたいで、ぐっと美味しそうに見えます。

　でも丸皿自体、盛り付けは難しいのですよね。私は料理を盛り盛りにのせちゃうので、丸皿でそれをやるとお供え物や合宿所のご飯みたいになっちゃって(笑)、全くおしゃれに見えないのです。その点、楕円のお皿は盛りやすい！　山盛りにしても、スマートだから野暮ったくならない。パスタだって、様になるように盛るには丸皿って意外に難しいと思います。楕円だと、無作為にのせてもおさまりがよく、テクニックいらずなのです。プレーンな洋皿ならトラットリアやバルでよく使われている「サタルニア」の「チボリ」も使いますね。『マッシュルームとクレソン、いんげんのサラダ』(P25)のようなイメージでしょうか。

　楕円皿は小~中サイズが便利です。小皿なら、かまぼこを切ってわさび漬けを添えたり、おつけものを盛り合わせたり。『かぼちゃのにんにくおかかそぼろ』(P88)みたいな、ちょっとしたおつまみでも、楕円だと締まると思います。

　中皿だと、串物を縦に並べることもありま

す。『ささみバター』（P101）も楕円の耐熱皿を使いました。食材って、野菜でも魚でも細長いものが多いから、楕円皿に盛るだけで何とかなると思うのです。これらを丸皿に盛ると、余白が生まれてしまいますよね。余白ができると、そこを自分のセンスやテクニックで埋めなきゃいけなくなっちゃう。だからいまは、楽ちんな楕円皿が大好きで、あれこれと登場させています。

和え物や煮物には、ある程度の深さがある鉢が必要ですよね。サイズはやっぱり、おかず2〜3品が並べられる中鉢をよく使います。最近活躍してくれているのは『豚ばらの梅干し煮』（P161）の器。熊本・天草の陶芸家、余宮隆さんが作られたものです。深過ぎないから、蒸し野菜や揚げ浸しを盛ってもボリュームが出ます。真ん中に盛り付けても余白が気にならないのは、中央から縁にかけて釉薬の色合いが変化して、自然なゆがみがあるからでしょうか。

同じく、使いやすい中鉢は岐阜で作陶されている額賀円也さんのもの。墨色の器で縁に刷毛目が施されています。これは何を盛っても、刷毛目がいいアクセントになってくれます。やはりアシンメトリーなデザインなのも、様になる秘訣かもしれません。左右対称なところに盛り付けると、自分が作ったゆがみが気になってしまうけれど、元々非対称の器ならアンバランスな盛り付けを受け止めてくれるように思います。

使いやすい器をもう一つ挙げると、少しマットな黒い鉢。この色合いに料理が映えます。そして、フォルムが秀逸。底面からきゅっと立ち上がり、途中からゆるやかに広がっているから、料理を盛ったときのリムの見え方がいいのです。

上手に盛り付けるために、気を遣っているのは余白を作らないことですね。だから、必然的に余白が出ない楕円皿は便利です。丸皿や鉢の場合は、縁にアクセントがあるものを選ぶと、余白が気にならず全体のバランスがいいと思います。

Part 4 居酒屋風こつまみ

市販のものでもあしらいや味付けを変えてみると
メニューの幅が広がります。

——毎日の献立を考えるのが面倒なときもあります。そんなときはテーマを決めると組み立てやすいのでおすすめだと聞いたことがあります。

「今日は町中華風にしよう」とか「イタリアの家庭料理っぽく」と決めると、何を作ろうか考えやすいんです。たとえば「居酒屋風」だったら、自分が居酒屋の厨房にいる女将さんの気持ちになって、おつまみをちょこちょこと並べています。

——〝居酒屋アリコ〟ですね！　飲みに行きたい（笑）。

お酒を飲む方なら、今晩飲むのはビールなのか酎ハイなのか、あるいは日本酒にするのかと、合わせるお酒を考えてみると、メニューがイメージしやすいかもしれませんね。

——とはいえ、おつまみの品数を揃えるのはなかなか大変です……。

わかります。だから、冷凍食品やお店のお惣菜などを使うこともありますよ。たとえば、冷凍餃子があったら、あとは買ってきたチャーシューに瓶詰のメンマとねぎを切ったもので和えた一品、きゅうりを切ってごま油と塩で味付けした一品……。調理としては長ねぎときゅうりを切っただけなのに、中華居酒屋みたいになりません？　餃子を焼くのも面倒なときはそれも買っちゃっていいんですよ（笑）。【＊1】

——楽しいテーブルが目に浮かびます。晩酌セットとしても十分ですね。

市販のものって、下ごしらえをやってくれている〝半製品〟だと思うんです。そこから先、あしらいや味付けを変えて楽しんでもいいんじゃないかな。

——どう仕上げるかは自由ですし、それなら無理なくできますね。

【＊1】
スーパー惣菜アレンジいろいろ

スーパーのポテトサラダにゆで卵をプラスして、粒マスタードドレッシングをかけたり、あじなどの干物の身をほぐし、薄切りのきゅうり、大根おろしと合わせてみぞれ和えにしたり。「崎陽軒」のシウマイの表面にサラダ油を塗り、トースターでこんがりと焼いてカリッとした揚げ焼き焼売にしたりも。

市販品は〝半製品〟として使いこなす。

例えばお惣菜コーナーの白和え。柿やいちじくといったフルーツをプラスするだけで季節を感じる一品に。豆腐を水切りしたり、イチから作る手間いらずで美味しい副菜ができあがります。

お刺身だって、わさびじょうゆで食べたり、カルパッチョにしたり、エスニック風にしたり、どうとでもアレンジできますよね。いつも同じ食べ方をしなくてもいいと思います。

――その日の献立に合わせてアレンジするわけですね。

メニューに統一感を持たせる必要はないんです。むしろ「出せるものがバラバラになっちゃう！」というときに、居酒屋風って助かるんですよ。今の居酒屋さんって和洋中、どんな料理でもあるじゃないですか。筆ペンで書かれたメニューの中に、から揚げもあればカルパッチョもある。サラダもあればおひたしもあるし、シメにはカレーや中華麺があったり。

――確かに！ メニューがボーダーレスですよね。使い勝手のいいお店ってそんな感じです。

そういう居酒屋って誰もが一度は行ったことがあるはず。そこの筆ペンメニュー（笑）を思い浮かべて、ジャンルに縛られず作ってもいいのかな、と。そしてこれが意外と家族にウケるんです。

――献立を考える余裕がないときこそ、食べたいものや作れるものを並べて居酒屋風に、ということですね。

ごく簡単なルールとしては、こってりしたものとさっぱりしたもの、ふんわりしたものとシャキシャキしたもの、お肉料理と野菜など、ジャンルはさまざまでも、一緒に食べたら美味しいものを組み合わせるようにはしています。

ユッケとカルパッチョは、お刺身があればアレンジできる2品です。

――『まぐろのユッケ』（P91）と『サーモンのカルパッチョ』（P94）は、先ほどのお話にあったお刺身のアレンジメニューですね。

はい、お刺身を買ったときは選択肢の一つとして、こんなメニューはいかがでしょうか。まぐろはぶつ切りでも切り落としでも、手に入りやすいものでいいと思います。サーモンは油分があるからレモンの酸味でさっぱりと仕上げるのが好みです。青唐辛子がなかったらタバスコでピリッとさせてもいいかもしれません。

——そこに野菜も添えられているのがアリコさんらしいです。

まぐろには春菊のほろ苦さが相性よいですし、葉物があるとまぐろが食べ飽きません。野菜の一品としては、『かぼちゃのにんにくおかかそぼろ』や『れんこんの明太子和え』（ともにP90）は、和える〝衣〟がポイントです。削り節や明太子、塩昆布などを和え衣のための調味料として考えてみるとバリエーションが広がります。素揚げしたなすやいんげんににんにくおかかそぼろをかけてもいいですし、明太子はほかの根菜類でも。【＊2】

——ここ数年、『ウフマヨ』はおしゃれなお店には必ずあるくらい人気です（P95）。

伝統的な一品だけど、今はいろいろなお店が独自のスタイルで出していますよね。私のアレンジはタルタル風の具にらっきょうの甘酢漬けを使ったのがポイントです。らっきょうは甘めのピクルスだと思ってよく使います。『プルーンのベーコン巻き』（P95）は、甘じょっぱい系おつまみがほしいときにぴったりです。柔らかい種抜きプルーンを使えば、あとはベーコンで巻くだけだから本当に簡単です。こうやってレシピを見直してみると、私、いかに下ごしらえをしなくても大丈夫かを考えることが多いかも……

——だからこそ、品数を作れるんですね。

息子には「太っちゃうからあまり作らないで」とか言われちゃうんだけど（笑）。

——そして『ちくわの磯辺揚げ』（P98）。大衆居酒屋の定番ですが、それとは別物です！

【＊2】
和えるだけでできる簡単副菜いろいろ
白身の刺身と塩昆布を和えて即席の昆布締めに。刺身盛りとたくわんやしば漬けをそれぞれ細かく切って納豆と和えれば、五色納豆が完成。クリームチーズと削り節、きざみねぎを混ぜて簡単おつまみ。ゆでたしゃぶしゃぶ肉とキムチを和えて、炒めるよりあっさり仕立ての一品に。

いわゆるのり弁に入っているような磯辺揚げに憧れがあって。でも、どうにも様にならなかったんです。縦に半割りして揚げたりもしたけれど、あれはうどん屋さんみたいに飾り気ない角皿にのっているのがいいんですよね。きっかけは何だったのか……ふと、衣に加えている青のりからゼッポリーニを連想して、「あの形って丸いな」と。切り方を変えてパルミジャーノをかけてみたら相性がよかったんです。【*3】

――カリッ、モチッとした食感が確かにゼッポリーニ風！

細いちくわより、肉厚のものが向いていると思います。

――『餃子の皮のピザ風つまみ』（P99）は、ふた口サイズのピザのようにいただけました。

餃子を作るときって皮が余りがちじゃないですか。そんなときにおすすめです。餃子の皮もピザ生地も同じ小麦粉が原料だし、という発想から考えてみました。コツとしては、皮の表面にまんべんなくオリーブオイルを塗ること。揚げ焼きする感覚なので、オイルはケチらずに。オイルが足りないとカリッと香ばしく仕上がりません。

――餃子の皮を利用したレシピってよく見ますが、このパリパリ感は別格です。余ったらじゃなくて、この料理のために皮を用意したいくらい美味しかったです（笑）。

ブライン液を覚えたおかげで、鶏ささみがしっとり、ふっくらな仕上がりになりました。

――お肉のしっとり具合にびっくりしたのが『ささみバター』（P100）です。

イタリア料理店で鶏むね肉を使った「鶏バター」というメニューを出されているところもありますよね。今回はそれをささみでアレンジしました。ささみだとパサパサになりそうと思う

【*3】
ゼッポリーニ
イタリア・ナポリの郷土料理。ピザ生地に海藻を入れ、丸くひと口大にして揚げた前菜。外はカリッと中はモチモチとした食感が特徴。

【*4】
ブライン液
塩と砂糖入りの水にささみを漬けて、しっとり仕上げる方法は東京・日本橋の「si．si．煮干啖」のシェフ、高山いさ己さんのアドバイスを参考にしたもの。〝肉焼き師匠〟として、高山さんの教えに絶大な信頼をおいているアリコさん。

かもしれないけれど、そうならない秘訣が〝ブライン液〟です。塩と砂糖を溶かした水で、お肉の保水力を高めて柔らかくする効果があるんです。１００㎖の水に塩と砂糖を５ｇずつ加えるだけ。【＊４】

――覚えやすい分量なのも嬉しいですね。

５％の濃度がちょうどいいみたいです。そして粉をはたいてから卵をからめて、たっぷりのバターで焼きます。バターが少ないとじゅうじゅう焼き付けるソテーになっちゃうから、この料理にはバターは浸るくらいのたっぷり量で。

――シメにはソース焼きそばと卵かけご飯というのも居酒屋っぽくて楽しいです。

『ルパンの焼きそば』（Ｐ１０２）は「ピアットスズキ」のカメリエーレ、〝ルパン〟こと小寺真人君から教えてもらったもの。もともと焼きそばに肉はいらない派だったんですけど、このアイデアは目からウロコでした。キャベツと麺を別々に炒めるからべちゃっとならないのもいいんです。具がない分、粉末ソースを全部使うと味が濃いかもしれないから、好みで調整してみてください。【＊５】

そして『薬味ＴＫＧ』（Ｐ１０２）の五味薬味は、その都度切らないで済むよう、多めに作っておくといろいろ役立ちますよ。シンプルな卵かけご飯にわさっとのせるだけで味に奥行きが出て、シャキッと感も加わります。こちらは途中で食べるラー油をかけて味変するのもおすすめです。

【＊５】
ピアットスズキ
アリコさんが人生で最も多く伺っているイタリア料理店。家族全員で月に一度は訪れ、各々の誕生日もこちらで祝う。オーナーシェフの鈴木弥平さんとは、独立前の「ヴィノヒラタ」修業時代から長いお付き合いになる。
東京都港区麻布十番1-7-7 はせべやビル4F
☎03-5414-2116

れんこんの明太子和え

【材料／2人分】

れんこん…200g
和え衣
辛子明太子…1腹
レモン汁…1個分
太白ごま油（または米油）…大さじ2
薄口しょうゆ…10㎖

【作り方】

❶ れんこんは皮をむき、縦6等分に切り、8㎜厚さに切って水にさらす。
❷ 明太子は薄皮から中身をしごき出してボウルに入れ、ほかの和え衣の材料を加えて混ぜ合わせる。
❸ 沸騰した湯に塩少々（分量外）を入れ、水けを切ったれんこんを加えて2分ほど硬めにゆでてざるに上げる。熱いうちに②のボウルに入れて和える。粗熱が取れたら器に盛る。

かぼちゃのにんにくおかかそぼろ

【材料／2人分】

かぼちゃ…¼個
にんにくおかかそぼろ
にんにくみじん切り…大さじ1
削り節…2袋（6g）
ごま油…大さじ1
しょうゆ…大さじ1
太白ごま油（または米油）…大さじ2

【作り方】

❶ かぼちゃは種とわたを取り、8㎜厚さに切る。
❷ にんにくおかかそぼろを作る。小さいフライパンにごま油とにんにくを入れ、弱めの中火できつね色になるまで炒める。削り節を加えて混ぜ、しょうゆを回し入れてパラッとするまで炒める。皿やボウルに取り出しておく。
❸ フライパンにごま油を入れ、かぼちゃを並べ入れて両面にこんがりと焼き色がつくまで弱めの中火で焼く。
❹ 油を切った③を器に盛り、②をかける。

まぐろのユッケ　春菊のサラダ添え

【材料／2人分】

まぐろ赤身(刺身用)
…200g
春菊…1束
A
しょうゆ…大さじ2
食べるラー油
…大さじ1
おろしわさび…適量
B
塩…少々
ごま油…大さじ1
煎り白ごま…適量
糸唐辛子…適量

【作り方】

❶まぐろは8㎜厚さに切る。春菊は葉の柔らかい部分を摘む。
❷ボウルにまぐろとAを入れて和える。別のボウルに春菊とBを入れて和える。
❸器に春菊を盛り、まぐろをのせてごまと糸唐辛子を散らす。

サーモンのカルパッチョ サルサソース

【材料／2人分】

サーモン（刺身用）
…200〜250g

サルサ

トマト…1個
パプリカ…½個
紫玉ねぎ…⅙個
青唐辛子…½〜1本
にんにくみじん切り
…½かけ分
塩…小さじ1弱
砂糖…ひとつまみ
レモン汁…大さじ2
オリーブオイル
…大さじ2

塩…少々
パクチー…適量

【作り方】

❶サルサを作る。トマト、パプリカ、紫玉ねぎは5㎜角に切る。青唐辛子は種を取り、みじん切りにする。材料をすべてボウルに入れて混ぜ合わせ、冷蔵庫で20分ほどおく。

❷サーモンは薄切りにする。器に並べ、塩をふって冷蔵庫で10分ほどおく。

❸食べる直前に②のサーモンにサルサをのせ、パクチーを添える。

プルーンのベーコン巻き

【材料／2人分】
ドライプルーン（種抜き）…10〜12個
ベーコン…5〜6枚

【作り方】
❶ ベーコンを半分の長さに切ってプルーンを巻く。
❷ 天板にオーブンシートを敷き、ベーコンの巻き終わりを下にして並べる。170℃に予熱したオーブンまたはオーブントースターに入れ、ベーコンの脂がじゅうじゅうとしみ出し、プルーンがふっくらするまで焼く。
❸ 器に盛り、ピックを刺す。

ツナ入りウフマヨ

【材料／2人分】
卵…2個
ツナ缶…大さじ2
らっきょう（甘酢漬け）…2〜3粒
マヨネーズ…大さじ1と½
レモン汁…小さじ½
塩、こしょう…各適量
パセリのみじん切り…適量

【作り方】
❶ 卵は沸騰させた湯に入れて7分30秒ほどゆで、冷水に取って殻をむき、縦半分に切って黄身を取り出す。らっきょうはみじん切りにする。ツナは汁けを切り、身を細かくほぐす。
❷ ボウルに卵の黄身、らっきょう、ツナ、マヨネーズ、レモン汁を入れて混ぜ合わせ、塩、こしょうで味を調える。
❸ 卵の白身のくぼみに②をこんもりとのせる。器に盛り、パセリを散らす。

ちくわの磯辺揚げ パルミジャーノがけ

【材料／2人分】

ちくわ…2～3本
天ぷら粉…60g
青のり…大さじ1
冷水…100㎖
揚げ油…適量
パルミジャーノ・レッジャーノ…適量

【作り方】

❶ちくわは3㎝長さの輪切りにする。
❷ボウルに天ぷら粉を入れて冷水を加えて溶き、青のりを加えて混ぜる。ちくわを入れて衣をまとわせる。
❸鍋に揚げ油を入れて中火にかけ、約160℃になったら②を入れ、表面がカリッと香ばしくなるまで揚げる。
❹油を切って器に盛り、パルミジャーノ・レッジャーノをたっぷりと削りかける。

餃子の皮のピザ風つまみ

【材料／2人分】

餃子の皮…12枚
オリーブオイル…適量
〈トマトソース〉
トマトソース…大さじ3
チェリーモッツァレラ…6個
にんにく…1かけ
塩…少々
バジルの葉…適量
〈ブルーチーズ〉
ブルーチーズ…大さじ3
パルミジャーノ・レッジャーノ…適量
ローズマリー…適量
はちみつ…適量

【作り方】

❶ 天板にオーブンシートを敷き、餃子の皮を並べて表面にたっぷりとオリーブオイルを塗る。半分にはトマトソースを塗って塩をふり、スライスしたにんにくを散らし、チェリーモッツァレラを並べる。もう半分にはブルーチーズとローズマリーをちぎって散らし、パルミジャーノ・レッジャーノを削りかける。

❷ 220℃に予熱したオーブンまたはオーブントースターで6〜7分焼く。

❸ 器に盛り、トマトソースのほうにはバジルの葉を散らし、ブルーチーズのほうにははちみつをかける。

ささみバター

【材料／2人分】

鶏ささみ…4本

ブライン液
　水…100㎖
　塩…小さじ1
　砂糖…小さじ1と½

卵…1個
薄力粉…適量
黒こしょう…少々
バター（食塩不使用）…50g
レモン…適宜

【下ごしらえ】

ささみは筋を取る。保存袋などにブライン液の材料をすべて入れて混ぜ合わせ、ささみを漬けて冷蔵庫で1時間以上おく。

【作り方】

❶ブライン液からささみを取り出してキッチンペーパーで水けをふき取り、こしょうをふる。ささみに薄力粉をまぶし、溶きほぐした卵をからめる。

❷フライパンにバターを入れて中火にかけ、バターが溶けたらささみを入れて表面にこんがりとした焼き目をつける。

❸耐熱容器に②を移す。200℃に予熱したオーブンで10分ほど焼く。お好みでレモンを搾っていただく。

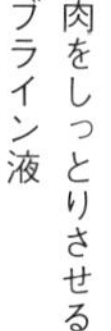

肉をしっとりさせる ブライン液

〝ブライン液〟とは、水に対して5%濃度の塩と砂糖を溶かしたもの。肉を漬けると保水性が高まり、さらに肉汁を閉じ込める効果があるので焼き上がりがジューシーに。特に、ささみや鶏むね肉など、パサつきがちなお肉におすすめ。

ルパンの焼きそば

【材料／2人分】

焼きそば用蒸し麺…2玉
付属の粉末ソース…2袋
キャベツ…200g
塩…小さじ½
サラダ油…大さじ2
熱湯…大さじ2
青のり…適量

【作り方】

❶蒸し麺は常温に戻しておく。キャベツは水にさらしてぱりっとさせ、ひと口大に切る。
❷フライパンにサラダ油大さじ1を入れて中火にかけ、キャベツを加えてしんなりするまで炒めて塩をふり、器に盛る。
❸同じフライパンにサラダ油大さじ1を入れて強火にかけ、蒸し麺と熱湯を加えて麺をほぐす。粉末ソースを振りかけて全体を炒め合わせる。
❹②のキャベツの上に③の麺を盛り、青のりをかける。
※付属の粉末ソースがない場合は、中濃ソース大さじ1と½とウスターソース小さじ2を合わせても。

薬味TKG

【材料／1人分】

ご飯…茶碗1杯分
五味薬味…適量
しらす…適量
卵黄…1個分
しょうゆ…適量

【作り方】

❶器に温かいご飯を盛り、五味薬味としらすをお好みの量のせる。中央に卵黄を落とし、しょうゆをかける。

▼五味薬味（作りやすい分量）
青ねぎ…½束▼小口切り　みょうが…3個、青じそ…10枚▼縦4等分に切ってから2㎜幅に切る　しょうが…1かけ▼みじん切り　かいわれ大根…1パック▼1㎝長さに切る
材料すべてをさっくりと混ぜて5分ほど水にさらし、ざるに上げて水けを切る。密閉できる容器で保存する。

Part 5 うちの洋食事情

意外と難しいハンバーグの火入れ加減。煮込めば、生焼けや焼きすぎの失敗はありません。

――ハンバーグにナポリタンに……洋食の定番メニューって、作る頻度が高いのでそこそこの味にはなるのですが、もっと美味しくできるんじゃないかな？　とも思っています。

誰でも基本的な作り方をなんとなく知っているから、食べ慣れた味にはできますよね。そういうメニューのひとつがハンバーグでしょうか。

――家庭科の授業で習ったりもしますしね。でも、ハンバーグって意外と焼き加減に気を遣います。中が生焼けだったり焼きすぎてパサついたりするのが怖くて。

今回のレシピの場合、まずフライパンでハンバーグだねの両面を焼きますが、そのときは焼き色がつくくらいでＯＫです。そしてそのままデミグラスベースのソースへ投入して煮込めば、中まできちんと火が入るし、ふっくらジューシーな仕上がりになるんですよ。

――なるほど。火入れ加減を気にしなくていいとなると、ハンバーグ作りのハードルがかなり下がります！

レストラン風のレシピだと、フライパンで表面を焼いたらオーブンへ入れる、というのもありますが、オーブンにそのまま入れられるフライパンって家庭になかなかないと思うし、わざわざ耐熱容器に移して焼くと洗いものも増えちゃいますよね。【＊1】　その点、デミグラスソースで煮込めば、ソースを別に作る必要もないんです。このレシピはデミグラス1缶を使い切るから、余らせなくて済むのもいいでしょう？　そこに野菜ジュースを加えて、少しゆるめます。

――ハンバーグのソースが同時に完成しちゃうのは嬉しいです。野菜ジュースはどんなものがおすすめですか？

【＊1】
フライパン問題
最近愛用しているのは、マイヤーの「ヘスタンナノボンド」シリーズ。表面がチタン層でコーティングされ、高額ながらお肉やパンケーキが驚くほどムラなく焼ける。持ち手が熱くならない点もお気に入り。野菜炒めなら保温性が高いバーミキュラのフライパンを。

フルーツを使っていない、野菜だけのミックスジュースを。私は「キャンベルV8野菜ジュース」を使うことが多いです。そしてトマトケチャップ、ウスターソースで酸味やコクを加えます。このソースで煮込むとハンバーグの肉汁も一体となって、旨みもぐっと出た複雑な味わいに仕上がります。

ハンバーグだねは冷たいまま、冷たい手でこねてジューシーな肉汁を逃さないように。

——工程の初めにちょっと戻ります。ハンバーグだねの作り方にポイントはありますか?

ひき肉とボウルをよく冷やしておくことでしょうか。手も冷たいほうがいいです。こねている間に温度が上がって、肉の脂が溶けてしまわないように。そして、塩を加えてよく練っておきます。粘りが出ることで肉汁を閉じ込めるので、ジューシーな焼き上がりになります。【*2】

——肉汁あふれるハンバーグには、こね方にコツがあるんですね。

映像で見るような肉汁たっぷりの仕上がりを目指すには、下ごしらえ段階からポイントがありますね。あとは、玉ねぎ、パン粉、卵、こしょう、ナツメグ、とごく一般的な材料を加えていきます。玉ねぎは炒めたものを使うレシピもあるけれど、煮込んで火が通るから生のままでいいんです。

——ひと手間が省けるのはありがたいです。

ハンバーグだねの成形は小判形にして真ん中をくぼませるものが多いですが、煮込みハンバーグに限っては、火入れムラの心配がないのでどんな形や大きさでもいいと思います。ミートボールみたいに真ん丸にしてもかわいいし、お弁当のおかず用サイズにしてもいいし、そこは

【*2】
ハンバーグも温度管理と塩加減

冷たいひき肉と冷たいボウル。おざなりになりがちですが、とくに暑い夏場は温度が上がりやすいので気を配って。下ごしらえ段階でひき肉にきっちり塩けをつけておくことで、味が締まる。

お好みで。

多めに作っておいて残ったら翌日はハヤシライスやロコモコ丼にアレンジ。

ソースには今回、きのこを入れましたが、きのこはいろんな種類をたっぷり使ってください。はじめは「え、こんなに?」と思う量ですが、火が入ればかさが減ってちょうどよくなりますから。あと、レシピでは「お好みで」と書きましたが、仕上げのバターはぜひ! コクが出て美味しさがグレードアップします。

――ほかにおすすめの具材はありますか?

ハンバーグのつけ合わせでおなじみ、にんじんやブロッコリーはよく使いますし、煮込むと美味しいかぶを入れたこともありますね。あと、ぜひ試していただきたいのは土鍋を使用すること。土鍋ごと食卓に出せば、見栄えもいいですし熱々のまま楽しめます。

――このレシピだとソースがたっぷりで、シチューみたいですね。

わが家はしっかり食べるほうなので、量が足りなくなるのが怖くて(笑)、ハンバーグもソースもいつも多めに作るんです。そうするとハンバーグ1~2個は残るから、翌日にはそれをアレンジしてハヤシライスにしたりもします。【*3・4】 ハンバーグを丸ごとご飯にのせ、目玉焼きとデミグラスソースでロコモコ丼にしてもいいと思います。

――美味しそう! 多めに作っておけば何回も楽しめますね!

【*3】
ナニワヤの
ハンバーグ

ハンバーグをイチから作る余裕がないときのおすすめは「スーパーナニワヤ」のハンバーグ用パテ。グラム売りされていて、お好みに成形して焼くだけなのでお手軽。餃子用のたねやミートソース、お惣菜なども揃う。
スーパーナニワヤ
東京都港区麻布十番3-9-5
☎03-3451-6485

きれいに包む必要ナシ！　ゆるめに焼いた卵をのせるだけ。シャキシャキ野菜を添えて食感と味わいに変化を。

――オムライスといえばドレープを寄せた卵焼きで仕上げた「ドレス・ド・オムライス」が流行ったりもしましたが、ドレープ作りに気を遣いそうだし、普段作るかというと……

そうですね、オムライスはいかにきれいに卵で包むかが難所ですよね。そして誰が作っても失敗しないというのは、家庭料理には大事なポイントだと思います。お店みたいにフライパンを持つ手をトントン叩いて、なんて無理ですし。私は卵で包むというより、ゆるめのオムレツをのっけるスタイルにしています（P116）。

――ゆるめオムレツの作り方、詳しく聞いてもいいですか？

フライパンに溶き卵を流し入れたら、フライパンの外側、流した卵の縁から中央へゴムべらを動かします。ゆっくり繰り返していると、いい感じのトロトロ加減になりますよ。ぐるぐる動かすとぽろぽろのスクランブルエッグになっちゃうので気をつけて。この方法で好みの柔らかさになったら火を止めます。

――中のご飯はケチャップライスですか？

わが家のお気に入りの「カゴメトマトケチャッププレミアム」を使って作ります。【＊5】このケチャップは教えていただいたものなんですが、コクはあるのに酸味が柔らかくて、クセがあまりないところが好きです。スパイスやお酢がきいているタイプは、ハンバーガーやホットドッグにはいいと思うんですが、オムライスには必ずこちら。そして、ご飯の具材はハムか鶏肉。鶏肉はささみかもも肉が多いですね。

――では、具材とご飯を炒めたところにそのケチャップを加えて。

【＊4】
ハヤシライスへアレンジ
ハンバーグはざくざく崩してひと口サイズのミートボール大に。ご飯にかけて温泉卵を添え、お好みで刻んだパセリを散らせば、ハヤシライスの完成。

【＊5】
トマトケチャッププレミアム（カゴメ）
高糖度の完熟トマトを使っていて、凝縮感がありつつ酸味が穏やか。あらごし状で食べごたえもあり。ナポリタンにもおすすめ。

いえ、具材を炒めたらケチャップを加えて、まずはそこでしっかり味をつけるんです。具材にご飯を加えた〝炒飯状態〟にしてからだと、全体に味がいきわたるまでかなりの量のケチャップが必要になります。これは『マッシュルームとクレソン、いんげんのサラダ』（P24）で野菜とドレッシングを和えるときと同じ考え方です。

——硬いものに味をからめてから、ふわっとした素材を加えて全体を和える、ですね。

そうです、ケチャップをまとわせた具材をご飯にまぶしつけるイメージです。

——ケチャップライスができたら、お皿によそってゆるめオムレツをのせれば完成、ですね。

そこにぜひサラダを添えてください。オムライスって口当たり柔らかで、最初から最後までケチャップ味じゃないですか。シャキシャキした野菜があることによって、食感や味に変化が出てメリハリが生まれると思うんです。

——食べ飽きない効果があるんですね。

今回はせん切りキャベツを添えてレトロな雰囲気にしましたが、サラダがあったほうが見た目にも、卵をのっけただけのオムライスがより様になるような気がします（笑）。

トマトソースをベースにして、ゆで汁で調整を。しっとり汁だくなナポリタンが好きなんです。

『ナポリタン』（P118）ってじつは好みがわかれるメニューだと思っていて。ケチャップが多いと喫茶店風、トマトソースが多いと洋食屋さん風になるイメージがあります。ケチャップだけで作ると、洋風弁当の添え物にあるナポリタンみたいな感じというか……少し甘めで麺がケチャップをしっかりまとったような仕上がりが多いと思うんですが、私は断然、トマトソー

【＊6】
トマトソースの選び方
甘さが立っていたり、スパイスなどがきいていたりしないものを。トマトの水煮をブレンダーでソース状にしたものでもOK。その場合は塩加減の調整を。

ス多めのジューシーなナポリタンが好みなんです。

――では、味の要はトマトソース？

トマトソースをベースにすると、ケチャップだけで作るよりも断然しっとり仕上がります。でも、それだけだと〝ナポリタンらしさ〟が出ないから、ケチャップで甘酸っぱさを補います。うちでは「アルチェネロ 有機パスタソース」のシリーズをよく使っていますが、ほかのメーカーのものでも。プレーンなトマトソースを使っていただければいいと思います。【＊6】

――作り方にはコツがありますか？

ナポリタンの麺はアルデンテじゃなくて、ゆでおきしたくらいの柔らかいものを。だからこそ、和えるソースにはジューシーさが必要だと思っています。仕上がりをみてちょっと汁けが足りないなと感じたら、スパゲティのゆで汁を加えてみてください。

――だからですね、最後までソースがしっとりからんで美味しかったです！

そして具材は玉ねぎとベーコンを先に、次にマッシュルームという順で、最後にピーマンを加えます。

――具材は同じタイミングで炒めちゃダメなんですね？

ピーマンは長く炒めていると色が黒ずんじゃうんです。ピーマンの彩りとシャキッとした歯ごたえを活かしたいから、仕上げの段階で加えて余熱で火を通す程度にしています。【＊7】

――そして、シャウエッセン！

好きなんですよね……（笑）。パリッとした食感もいい合いの手ですし。タバスコと粉チーズも必ず添えていただきます。

――カレーのお肉は薄切り派ですか？

いろいろです。牛でも豚でも角切りのお肉を使うこともあるし、すじ肉や鶏もも肉を使うこ

【＊7】
ゆで汁でジューシーさを。ピーマンはシャキッと。
汁だく仕上げのために水分が足りないときはスパゲティのゆで汁をプラス(右)。ピーマンは鮮やかな色と食感を残したいので、一番最後に加える。

ともあります。ここでは〝おうちカレー〟としてフライパンで作る時短メニュー（P120）をご紹介してみました。

薄切り肉とにんじんすりおろしを使ってフライパンで作れる時短カレーです。

――薄切り肉だから煮込み時間がいらないんですね。5～6分煮るだけなのはびっくり！

切ったにんじんを使うと柔らかくなるまで時間がかかるものですが、すりおろして入れていますから。まろやかさも出ておすすめです。

――市販のルウとは思えない味わいで、これはぜひ真似したいアイデアです！

すりおろすって面倒に思われがちなんですが、意外と短時間でできますよ。そしてあんずかりんごのジャム、ウスターソースも加えて深みを出します。これは、チャツネ（インド料理で使うペースト状の調味料）の代わりです。チャツネは手に入りづらいし、買っても余らせてしまうことが多いので、ジャムで十分。

――ちなみに、カレールウは何を使っていますか？

「コスモ食品 コスモ直火焼カレー・ルー 中辛」です。フレークタイプだから溶けやすいし、これはクセがないところが好きなんです。固形のルウは固めるために油脂をより多く使っていることが多いので、フレーク状のほうが油っぽさ控えめな気がします。でも、お好みの辛さやスパイシーさのルウを選んでいただくのがいいと思います。ご飯は白いご飯だけでなくとうもろこしご飯などいろいろアレンジしますが、どんなカレーのときでもゆで卵を添えるのがわが家のお約束です。

お手本はオーソドックスな洋食屋さん。

誰もが食べ慣れた定番メニューに、奇をてらったアレンジは必要なし。
味も盛り付けも、長年愛されている洋食屋さんをお手本にしています。
基本に忠実に作ることで、おうち洋食はうまくいくはず。

煮込みハンバーグ　きのこのソース

【材料／2人分】

合びき肉(牛7：豚3)
…500g
玉ねぎ…1個
パン粉…½カップ
牛乳…50mℓ
卵…1個
塩…小さじ1
こしょう…少々
ナツメグ…少々

A
デミグラスソース
…1缶(290g)
野菜ジュース
…120mℓ
トマトケチャップ
…大さじ2
ウスターソース
…大さじ2

バター…大さじ1

マッシュルーム…
1パック(8～10個)
しめじ…1パック
エリンギ…1パック
カリフラワー…適量
絹さや…適量

【下ごしらえ】

パン粉は牛乳をかけてふやかす。玉ねぎはみじん切りにする。マッシュルームは薄切りにする。しめじは石づきを取って小房に分ける。エリンギはひと口大に切る。カリフラワーは小房に分け、絹さやは筋を取り、それぞれ塩ゆでにする。

【作り方】

❶ ボウルにひき肉と塩を入れてよく練り、玉ねぎ、パン粉、卵、こしょう、ナツメグを加えて粘りが出るまで混ぜ合わせ、小判形など（お好みの形でOK）に成形する。

❷ フライパンに①を並べ入れてから強火にかけ(油はひかなくてよい)、こんがりとした焼き色が付いたら裏返し、軽く焼いて取り出す。

❸ フライパンに残った脂をキッチンペーパーで軽くふき取り、バター、マッシュルーム、しめじ、エリンギを入れて中火にかけ、しんなりするまで炒める。Aを加えてひと煮立ちさせ、②のハンバーグを戻し入れる。

❹ ふたをしてハンバーグがふっくらするまで8分ほど弱火で煮込み、塩、こしょう（ともに分量外）で味を調え、お好みでバター（分量外）を加える。

❺ ハンバーグをソースごと器に盛り、カリフラワーと絹さやを添える。

【美味しいメモ】

1 — ひき肉はまず塩を加えてこねることで、肉汁を逃さない。

2 — 多めに作っておけば、ロコモコやハヤシライスに展開できる！

オムライス

【材料／2人分】

〈ケチャップライス〉
ハム…50g
玉ねぎ…½個
マッシュルーム…4個
トマトケチャップ…大さじ6
コンソメ顆粒…小さじ½
ご飯…200g
バター…大さじ2

〈オムレツ〉
卵…6個
生クリーム…大さじ2
バター…大さじ1
塩、こしょう…各少々
キャベツ、きゅうり、ミニトマト、トマトケチャップ…各適量

【下ごしらえ】

ハムは1.5cm角に切る。玉ねぎは粗めのみじん切りにする。マッシュルームは薄切りにする。

【作り方】

❶ フライパンにバター大さじ2を入れて中火にかけ、玉ねぎを加えてしんなりするまで炒める。ハムとマッシュルームを加えてさっと炒め合わせ、ケチャップとコンソメ顆粒を入れてひと煮立ちさせたら、ご飯を加えてさらに炒める。塩、こしょう（ともに分量外）で味を調え、半量ずつを器に盛る。

❷ ボウルに卵を割り入れ、生クリーム、塩、こしょうを加えて溶きほぐす。小さめのフライパンにバター大さじ½を入れて強火にかけ、卵液の半量を流し入れる。表面がふつふつとしてきたら、ゴムべらで卵液を外側から内側へ寄せるように大きくかき混ぜながらとろとろの卵焼きを作る。残りの卵液も同様にする。

❸ 卵焼きを①のご飯の上にのせ、せん切りにしたキャベツ、薄切りにしたきゅうり、トマトを添える。お好みでトマトケチャップをかける。

【美味しいメモ】
1
具にケチャップを
しっかりからめてから
ご飯を投入して。
2
ふんわりオムレツは
ゴムべらをゆっくり
動かすだけでＯＫ。

ナポリタン

【材料／2人分】

スパゲティ…200g
ベーコン…4枚
玉ねぎ…1/2個
マッシュルーム…6個
ピーマン…2個
ウインナーソーセージ（シャウエッセン）…4本
バター…大さじ3
水…大さじ2
A
トマトソース（プレーンタイプ）…60g
トマトケチャップ…大さじ5
コンソメ顆粒…小さじ1弱
塩…ひとつまみ
粉チーズ、タバスコ…適宜

【下ごしらえ】

ベーコンは1cm幅に切る。玉ねぎとマッシュルームは薄切りにする。ピーマンはへたと種を取り、3mm幅の輪切りにする。

【作り方】

❶フライパンにバター大さじ2を入れて中火にかけ、バターが溶けたらベーコン、玉ねぎ、マッシュルームの順に加え、それぞれに火が通るまで炒める。Aを加えて少し煮詰めたら火を止める。

❷小さなフライパンにウインナーソーセージと水を入れて中火にかけ、水けがなくなるまで火を通す。

❸鍋にたっぷりの湯を沸かし、湯に対して1.5％の塩（分量外）とスパゲティを入れ、パッケージに表示された時間より1分ほど早くざるに上げる。ゆで汁は残しておく。

❹スパゲティがゆで上がる少し前に、①のフライパンを中火にかけて煮立たせ、ゆで上がったスパゲティとバター大さじ1を加えてソースを全体にからめる。水けがなくなってきたら、ゆで汁を加えて調整する。

❺ピーマンを加えてさっと炒め合わせ、器に盛り、ウインナーソーセージを添える。お好みで粉チーズとタバスコをかける。

【美味しいメモ】

1 — トマトソースをメインにして甘さ控えめの仕上がりに。

2 — パスタのゆで汁を加えることで口当たりはしっとりジューシー。

カレー

【材料／4人分】

豚ばら薄切り肉…300g
玉ねぎ…2個
にんじん…1本
にんにくすりおろし…1かけ分
しょうがすりおろし…1かけ分
水…500mℓ
コンソメ顆粒…小さじ2
サラダ油…大さじ2
カレールウ（フレークタイプ）…1袋（170g）
あんずジャム（なければりんごジャム）…大さじ2
ウスターソース…大さじ2
ご飯…適量
ゆで卵…適宜

【下ごしらえ】

豚肉は3cm幅に切る。玉ねぎは5mm厚さの薄切りにする。にんじんは皮をむいてすりおろす。

【作り方】

❶フライパンにサラダ油と玉ねぎを入れて中火にかけ、玉ねぎが透き通ってねっとりとするまで炒める。にんじん、にんにく、しょうがを加えてさらに炒める。

❷全体に火が通ったら水とコンソメを入れて、ふたをして5～6分ほど煮る。

❸豚肉を加えて煮立て、肉の色が白っぽくなったらカレールウ、あんずジャム、ウスターソースを加え、全体がなじむまで煮込む。味をみて足りなければ塩（分量外）で味を調える。煮詰まってきたら水（分量外）を少しずつ加えて調整する。

❹ご飯とともに器に盛る。お好みでゆで卵をのせる。

【美味しいメモ】

1 ― 薄切り肉を使うからフライパンで時短調理が可能に。

2 ― 煮込み不要のおろしにんじんでまろやかさもアップ。

3 ― ジャムとソースをプラスして市販のルウに深みを出す。

困ったときのごはん

「どうして、忙しいときにもちゃんと料理を作れるのですか?」と聞かれることがたびたびあります。仕事に追われているときや疲れてへとへとなとき、もちろん私も〝手抜き〟をしています。料理を作る余裕がないときには、素材に頼る、市販のお惣菜を使う、といったことで乗り切ります。

頼りがいがある素材は、いつもより少し贅沢なもの。それ自体が美味しいから、料理に手間をかけなくても済みます。ぱぱっと作ったものでも、いい素材だから家族の満足度も下がることはありません。そんなレパートリーが2、3点ほどあると、忙しいときにとても助かります。

素材に頼ったメニューのひとつが『鯛茶漬け』(P131)です。鯛茶漬けにもいろいろあると思いますが、私は大好きな「竹葉亭 銀座店」風にごまだれで。竹葉亭と同じく、鯛以外にまぐろの赤身を使った鯛茶ならぬ〝まぐ茶〟にするときもあります。でも白身魚なら必ず鯛を使うことにしています。以前、平目で作ってみたのですが、味が薄くてどうにも物足りなくて……。平目に恨みはないけれど(笑)、なるほど鯛を〝魚の王様〟とはよく言ったものだと、腑に落ちたことがあります。

私が作るごまだれの材料は、煮切り酒に練りごま、しょうゆ、だししょうゆ。だししょうゆを加えることで、コクが出るように思います。そして、すべてを一気に混ぜ合わせないことがポイントです。小さな泡立て器やスプーンで混ぜながら、練りごまに煮切り酒をちょっとずつ加えて乳化させます。それから、しょうゆとだししょうゆを加えると、すぐになじんでトロッとなめらかなごまだれに仕上がるのです。このひと手間を惜しむと、練りごまが粒状に分離してしまいます。愛用している練りごまは『担々麺』(P52)と同じく、

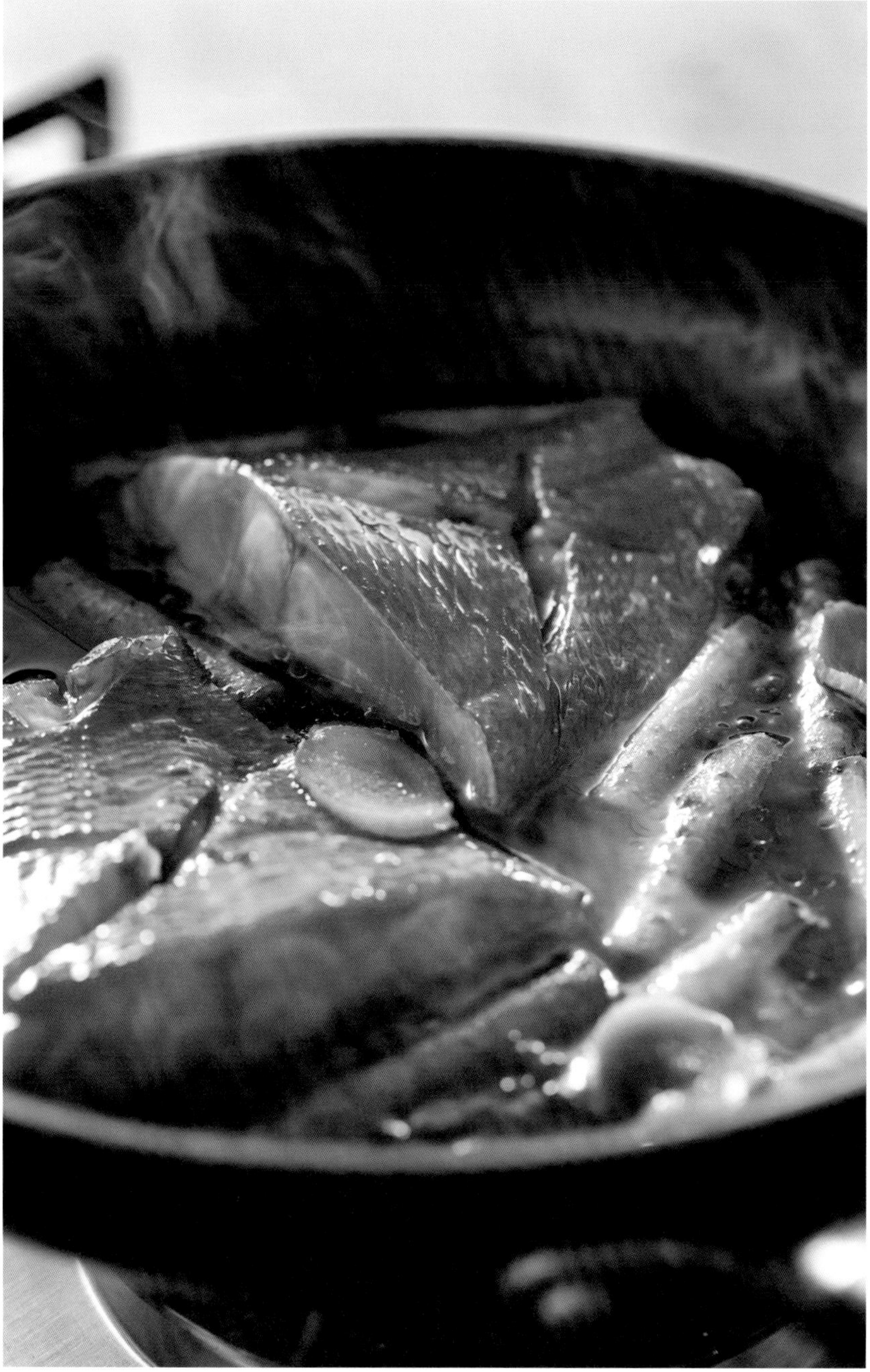

もみほぐせるパウチタイプです（P36）。

　ごまだれが美味しくできたら、お茶漬けにせずとも、お刺身をからめてご飯にのせるだけの漬け丼でもいいですよね。薬味にはわさびがマストです。ほかには青ねぎやみょうがを添えて、すだちをきゅっと搾っても。みつばがあるとお店っぽくなると思います。夏場は五味薬味（P102）をのせて、さっぱりいただくこともあります。たれの味がしっかりしているので、お茶漬けにするときは、だしパックを煮出しただけの味つけしていないだし、または熱々の番茶をかけています。ごまだれは1週間ほど日持ちするので、ストックしておけば、あとは鯛のお刺身を買ってくるだけ。火を使う必要もないので、おすすめの一品です。

　お肉を使うなら『タリアータ』（P128）も素材頼みです。いい牛ステーキ肉を見つけたときはこちらを作ります。失敗しないコツは、厚すぎない赤身肉を選ぶことでしょうか。よりいいものをと分厚いステーキ肉にすると、火入れ加減が難しいと思います。それはプロにお任せして、家庭で焼くなら厚さ1.5〜2㎝くらいのもので。両面をこんがりと焼いて、アルミホイルに包んで余熱で火を入れます。焼き上がったと思ってもすぐカットしないことも重要！　肉汁が流れ出て、美味しさが逃げてしまいます。10分ほど休ませて肉汁が落ち着いてから、切るようにしています。このとき、ななめのそぎ切りにすると断面が大きくなって、薄めのステーキ肉でも貧相にならず、食べ応えがしっかり出るのです。また、霜降りのサーロインなどを使うと、冷めたとき脂が固まって味が半減してしまうので、赤身のお肉を使うようにしています。2人分なら、大きめのものを1枚買えば十分に楽しめると思います。

　そしてルッコラやハーブミックスなどのサラダを添えれば、彩りもよいひと皿に。そうそう、葉物類は必ず水につけることにしています。ちょっとでも水にさらすとパリッと元気になるので、これは必ず。その後キッチン

長崎「松庫商店」の生からすみの冷製パスタ

「由比缶詰所」のツナとトマトのぶっかけそうめん

ステーキピラフ

「スーパーナニワヤ」のローストビーフ

鯛そうめん

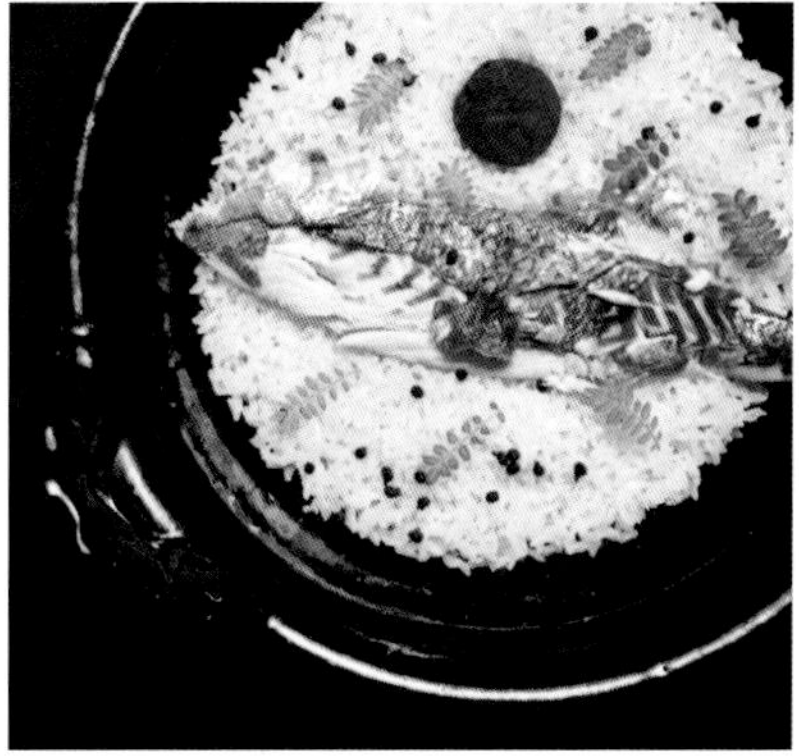

鯛の炊き込みご飯

ペーパーに包んでビニール袋に入れ、冷蔵庫の野菜室へ。それからお肉を焼けば、食べる頃には野菜がシャキッとしています。キッチンペーパーが余分な水分を取ってくれるから、水切りに気を遣う必要もないし、何よりも、野菜が美味しいと奮発したお肉も引き立ちます。さらに、野菜室に3日ほど入れておいてもパリパリの状態を保っているので、すぐにつけ合わせのサラダが出せて便利ですよ。

　タリアータの仕上げには、薄く削ったパルミジャーノ・レッジャーノ、塩とこしょう、オリーブオイル、そしてバルサミコ酢をかけるのがわが家式。このバルサミコ酢は、『かつおの冷製パスタ』（P20）や『ブッラータチーズとミニトマトのカプレーゼ』（P26）のようにさらっとしたものではなく、とろみのある長期熟成タイプがおすすめです。まろやかな甘みとコクが、旨みが強い赤身肉のソースにぴったりだと思います。

　ご飯に合うおかずとしては、『金目鯛の煮付け』（P１３０）もよく作ります。煮付けはフライパンひとつでできるから本当に簡単。煮汁の材料を合わせたら、一気に仕上げられる煮魚は実は時短料理でもあるのです。『かじきまぐろの照り焼き』（P１８０）と同様に、玉酒を加えることも私なりのポイント。魚特有のくさみが取れて、身がふっくらと仕上がります。脂のりがいい魚だとパサつかないので、金目鯛なら確実に美味しい一品になりますね。ほかにはかれいやきんき、一尾まるごとならかさご、めばる、むつなども煮付け向きでしょうか。でも、切り身なら買ってきたまま下処理も必要ないから、困ったときほど魚の切り身を活躍させています。

　手間いらずで美味しいものを食べたいと思ったら、ステーキピラフも簡単です。タリアータの要領でお肉を焼いたら、ピラフにのっけて。ピラフといっても、イチから野菜を炒めたりするのは大変なので、だし炊きご飯に炒めた玉ねぎとマッシュルームを混ぜ込む楽ちんレシピです。そんな余裕もないときは、白いご飯にのせたステーキ丼にしちゃいます。

お肉の丼ものなら、麻布十番の「スーパーナニワヤ」（P108）で買ってきたローストビーフを使ったローストビーフ丼もよくやります。薄くスライスしてご飯にのせたら、だししょうゆと粒マスタードを合わせたソースをかけていいただきます。オニオンスライスを添えて、卵黄を落とすとたまりません！　丼にしないで、野菜や薬味を添えて皿盛りにすることも。粒マスタードやポン酢、わさびしょうゆなどをたれに、豪華なメインディッシュとして楽しみます。

最近では、鯛の塩釜焼きも重宝しました。家庭で鯛を尾頭付きで焼くことって難しいと思うのですが、仕出し料理などでいただく機会ってありますよね。その身を梅干し、山椒の佃煮と一緒に炊き込みご飯にしたのです。塩がしっかり効いているので、そのまま身を食べるにはしょっぱいのですが、炊き込むとちょうどよい塩梅になりました。残った骨と頭はたっぷりの日本酒と水、しょうがを加えてコトコト炊きます。いいだしが取れたら、みりんと薄口しょうゆで味を調えてそうめんのつけ汁に。鯛飯と鯛そうめんを2日にかけて堪能し、食いしんぼうの本領発揮となりました。

揚げ物をやる気が出ない、でも食べたい！というときは（笑）、美味しいお店のとんかつを買ってきてかつ丼を作ります。

生からすみも使えますね。パスタにたっぷりとかけるのが大好きな食べ方です。からすみパウダーなら、ゆでたアスパラガスに目玉焼きをのせたものやイカなどのソテーにふりかけると抜群。いくらやたらこなど、美味しい魚卵はそれだけで旨みがアップする役立ち素材ですね。

手間をかけられないときこそ、いい素材に助けてもらうのが私の信条。ただし、むやみやたらに素材頼みの料理を作るのではなく、本当に困ったときのためにとっておきます。ここぞという場面に登場させるからこそ家族も喜ぶし、私も楽ができる値千金のメニューなのです。

タリアータ

【材料／4人分】

牛赤身ステーキ肉
…2枚（300g）
塩…小さじ½
こしょう…少々
サラダ油…大さじ1

トレビス…3～4枚
ルッコラ…1束

パルミジャーノ・
レッジャーノ…適量
バルサミコ酢
（熟成タイプ）
…大さじ2～3
オリーブオイル…適量
塩、粗びき黒こしょう
…各適量

【作り方】

❶牛肉の全面にしっかりと塩、こしょうをふってなじませる。

❷フライパンにサラダ油と牛肉を入れて中火にかけ、牛肉にこんがりとした焼き色がつくまで焼き、裏返して同じように焼く。両面に焼き色がついたらフライパンから取り出してアルミホイルに包み、肉汁が落ち着くまで10分ほど休ませる。

❸ルッコラとトレビスは洗って水けを取り、食べやすい大きさにちぎって器に敷く。

❹②の牛肉をそぎ切りにして③の器に盛り、パルミジャーノ・レッジャーノを削りかける。バルサミコ酢、オリーブオイル、塩、黒こしょうをかける。

【美味しいメモ】

1 ― 保温しながら肉を休ませて肉汁を落ち着かせる。

2 ― ななめのそぎ切りにすることで断面が大きく、食べ応えも増す。

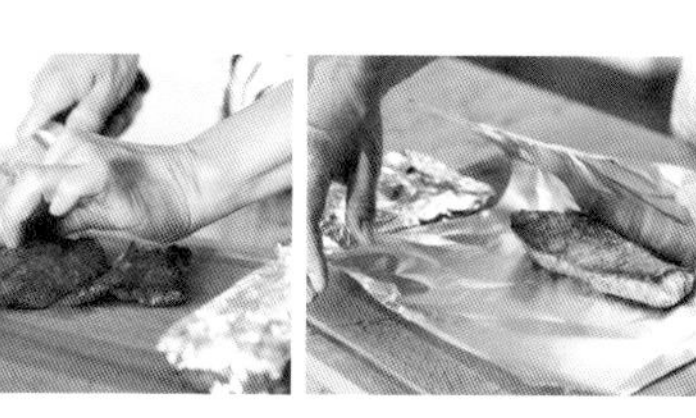

仕上げのポイント

表面を焼いたステーキ肉は、アルミホイルで包んで余熱で中まで火を通すのがコツ。しばらく休ませてからそぎ切りに。ななめに包丁を入れることで断面が大きくなり、見栄えと食べ応えがアップ。

金目鯛の煮付け

【材料／２人分】

金目鯛（切り身）…２切れ

玉酒

水…１００mℓ

酒…50mℓ

煮汁

しょうゆ…60mℓ

みりん…60mℓ

砂糖…大さじ3

ごぼう…20〜25cm

しょうが…1かけ

生わかめ…適量

【下ごしらえ】

金目鯛の皮目に、骨に当たるくらいの深さまで十字の切り込みを入れる。玉酒の材料を合わせる。ごぼうはスプーンなどで皮をこそげ取り、４cm長さの半割りにして、さっと下ゆでする。しょうがは皮つきのまま薄切りにする。わかめは食べやすく切る。

【作り方】

❶鍋に煮汁の材料をすべて入れて強めの中火にかけ、煮立ったら皮目を上にした金目鯛とごぼうを並べ入れる。しょうがを散らし、落としぶたをする。

❷煮汁が上がってきたら玉酒を加え、さらに中火で煮る。煮汁が半量くらいになって、金目鯛につやが出てきたら火を止める。

❸器に金目鯛を盛り、ごぼうとわかめを添える。

【美味しいメモ】

玉酒を加えて、煮詰まることなく煮上がりはふっくら。

鯛茶漬け

【材料／2人分】

鯛（刺身用）…1さく
ごまだれ
　白練りごま
　　…大さじ3
　酒…大さじ2
　しょうゆ…大さじ2
　だししょうゆ
　　…大さじ2
おろしわさび…適量
だし…適量
ご飯…適量
青ねぎ、みつば、すだちなど好みの薬味
　…各適宜

【作り方】

❶ ごまだれを作る。小鍋に酒を入れて沸騰させ、アルコールを飛ばして煮切り酒にする。ボウルに練りごまを入れ、煮切り酒を少しずつ加えながらなめらかになるまでのばし、しょうゆとだししょうゆを加えて混ぜ合わせる。

❷ 鯛は薄いそぎ切りにする。

❸ 器にごまだれを入れて鯛を盛り、わさびをのせる。ご飯、熱いだし、お好みの薬味を添えて。まずはご飯にごまだれをからめた鯛をのせて、次に薬味を加えて、最後にだしをかけてお茶漬けにしていただく。

【美味しいメモ】

練りごまは分離しにくいパウチタイプがおすすめ。

※P132〜133のレシピです

※レシピはP130〜131にあります

Part 6 お店で知った味

通い続けるレストランは自分の好みの味。美味しさのヒントが見つかります。

――アリコさんのインスタ、手料理はもちろんですが、行ったお店の投稿も楽しみです。そういう方はたくさんいらっしゃると思います。

美味しいものが好きだから外食するのも大好きです（笑）。インスタへのアップは美味しいものの日記というか、自分のための備忘録的なところもあります。

――行きたくなるお店ばかりですが、フォロワーの方からの反響もありますか？

実際に行ってくださる方もいるようです。お店の方に「この前『アリコさんのインスタを見て』というお客さんが来たよ」って教えてもらうことが度々あって。あと、私の投稿と全く同じオーダーをする方もいるそうで、「フォロワーの人かな？」と察することもあるとか……。

――初めて行くお店なら、アリコさんのおすすめに従いたい気持ちはわかります。繰り返し行っているところは美味しいに違いないという信頼感もありますし（笑）。

お店選びの参考になっていたら嬉しいです。実際に食べてみて、私が好きな味だと思って通っているお店ばかりですから。

――気に入った料理はシェフに作り方を聞いたりするんですか？

わざわざ聞いたりはしないかな……聞いたとしても同じように作れるわけがないですからね。家庭にレストランと同等の食材や設備はないですし、何よりも、プロの技術は真似できるものじゃないです。

――意外と皆さん、尋ねると教えてくれることが多いんですけど、それって真似しても絶対同じ味にならないからですよね（苦笑）。

カウンターから目にする調理風景で作り方のコツを掴めることも。

カウンターがあるお店の場合は、そこに座ることが多いです。厨房の様子を見るのは楽しいし、そこで見てわかることってたくさんあります。いまドボッとソースに加えたのはマデラ酒だなとか、これからオーブンに入れて15分くらい焼くのか……とか。見ているだけで発見があります。

――厨房を目の当たりにできるのは、カウンター席の特権ですよね。

そうそう。この料理に使っている生クリームは中沢乳業の「フレッシュクリーム45%」なんだな、ってところまで見えたりして（笑）。そして運ばれてきた料理を食べてみて、あぁだから乳脂肪分のコクがちゃんとあるのか、なんて腑に落ちることもありますね。

――それは……視点が違います！

自分が好きなお店の好きな味だから知りたくなっちゃうだけですよ。それが伝わるのかな、こちらが何も尋ねなくてもシェフの方から料理についてあれこれ教えてくれることもあるんですよ（笑）。

――カウンターは厨房が見えるだけじゃなく、シェフとの会話が生まれますね。

特に、お一人で切り盛りされているワンオペレーション、いわゆる〝ワンオペ〟のお店は話が広がりやすいですね。盛りされているときに料理の説明をしてくださるし、食べた感想を伝えると「○○で作っても美味しいですよ」なんてアドバイスをいただくこともよくあります。とくにワンオペだとできることが限られているからか、手順も効率的でとても参考になります。

外食で出会う新しい味が味覚をアップデートしてくれます。

日本のレストランって本当にレベルが高いと思うんです。ジャンルはいろいろあるし、料理人の方も新しいことをどんどん取り入れていますし。

——今年の食トレンドはコレ！みたいなニュースは必ずありますね。

そうやって外食が進化するとともに、受け取る側の味覚も進化していく気がします。

——確かに、以前はレストランで出されると「わぁ！」と新鮮に感じていた料理×フルーツの組み合わせとか、自然派のワインのこだわりなどはすっかり当たり前になりました。

外食で新しい味に出会うと、先入観がなくなりますよね。それが自分の好みだったら「これは参考にさせていただこう！」と思います。

——そこから、お店〝インスパイアメニュー〟が完成するわけですね？

そうですね……素材の組み合わせだったり調味料だったり、いいなと思ったら取り入れてみます。お店の料理をそのまま作ろうとするわけではなくて、真似できるところだけ。

——お店では○○だけど手軽な△△を使ってみた、という提案がすごくありがたいです。

プロではない主婦目線ならではの発想がレパートリーを広げてくれます。

そのあたりは長年主婦をやってきた経験値からかもしれません。料理の勉強を特別にしたわけでもない私がレシピを語るなんて僭越なのですが、作る料理に〝家庭料理以上、外食未満〟

なところがあるから面白がっていただけているのかな、と思うことはあります。

――レストラン×主婦目線からアリコさんのレシピが生まれているんですね⁉

まさに『ちくわの磯辺揚げ』（P98）は外食経験の賜物ですね。イタリア料理店でいただくゼッポリーニが好きだったからこそ、発想できたメニューです。

――逆に、プロの料理人では出てこないアイデアかもしれませんね。

以前、池尻大橋にある和食屋さん「池尻 浅野」に伺ったときに、こんなことがありました。さっと煮たしゃぶしゃぶ肉を巻いて奴豆腐にのせた「肉豆腐」が出たんです。こま切れのお肉を一緒に煮込む普通の肉豆腐よりも食べ応えがあって、これは家でもやってみようと思ったのですが、やっぱり玉ねぎもほしくなって。つゆで煮た玉ねぎを添えたら、それはそれで美味しくて、浅野さんにそのことを話したら「玉ねぎ入り、いいですね」とお褒めの言葉を頂戴しました（笑）。あと、デザートにぶどうの実が入ったゼリーをいただいたとき、ぶどうの皮をむくのが面倒っておっしゃっていたんですね。何気なく「湯むきすれば簡単じゃない？」と言ったら、そういう考えはなかったようで驚いていました。これも主婦ならではの発想かもしれませんね。

――気軽さ、自由さは家庭料理だからこそですね。

溜池山王のオイスターバー「ヴィノーブル」では、ステーキにかけるにんにくじょうゆを教えてもらいました。しょうゆに干ししいたけとにんにくを粒ごと漬けて、3～4日おくだけなので簡単。干ししいたけのだしが程よく効いて、とても美味しいのです。ステーキ用だけではもったいないから、炒飯に使ったり、豆腐にかけたり、万能調味料としておうちごはんに活用したいと思っています。

家族で通うとっておきのお店の味を〝家庭料理以上、外食未満〟にアレンジ。

――この章では、アリコさんのお気に入りのお店をご紹介いただきました。そこからインスパイアされたメニューをおうちで作れるレシピとして提案してもらっています。

おすすめのお店はまだまだあるのですが、今回ご紹介したのは家族や友人たちと何度も訪れている6軒です。それぞれはっとする新しい味だったり、昔から変わらない味だったり、自分が培ってきた味覚と似ていたり……方向性はいろいろなのですが。

――そんなメニューをアリコさん流にアレンジされたものなんですね。

もちろん、本家には到底及ばないのですが、大好きなあの味をうちで美味しく作るなら？　と考えて作っています。

――どれも美味しくてお店にもますます行きたくなりました。

味がいいのは言うまでもないんですが、おもてなしだったり、空間だったり、器の使い方だったり、素敵なところがたくさんあるお店ばかりです。皆さんの参考になれば嬉しいです。

ORLANDO | *Italian* |

オルランド

『しらすのフリッタータ』

前々から美味しいという評判を耳にしていた「オルランド」。訪れてみると、実に骨太で男っぽく、気持ちのいい料理。想像以上に好みの味でした。人見知りらしいオーナーシェフ、小串貴昌さんも慣れたらよく喋ってくれるように(笑)。月1回ほどのオルランド詣では、家族や気のおけない女友達とカウンターに陣取って、美味しい料理を囲む最高に楽しい時間です。オープンキッチンだから厨房の様子は丸見えで、小串シェフが一人で作るワンオペゆえに、何をどんな風に作っているのか、見ているとなんとなくわかることも。

黒板メニューに記された〝生しらす〟の文字に目が留まって、たまらずオーダーしたのが「しらすと青唐辛子のフリッタータ」。卵をふっくら焼き上げたイタリア風オムレツ、フリッタータはいろいろな具材で楽しめるアンティパストの定番ですが、しらすと青唐辛子の組み合わせが気に入って、家でも作ってみたメニューです。

厨房を見てわかった小串シェフの作り方は、卵液と具材を合わせたら、フライパンで両面を焼き上げていました。私はひっくり返すのは大変だし、少し半熟に仕上げたかったので、『しらすのフリッタータ』はふたをして蒸し焼きにすることにしました。ぴちぴちの生しらすなんて滅多に手に入らないから、釜揚げしらすでOK。卵と一緒に焼いたあと、仕上げに追いしらすをかけても美味しいと思います。しらすの旨みを青唐辛子がきりっと引き締めて、やっぱりこの組み合わせは相性抜群！　パルミジャーノ・レッジャーノを入れたので、チーズの香りもふんわり広がります。

小串シェフの料理はとても合理的で、素材

の組み合わせが絶妙。真似したくなることずくめなのです。カルパッチョにしても、味つけはコラトゥーラ（イタリアの魚醤）とオリーブオイルだけ。そこにスライスした紫玉ねぎをのせて、食べるときにレモンを搾るという仕様。それまではあれこれ調味料を使っていたのですが、小串シェフのカルパッチョを食べたら「確かにこれでいい！」と納得。以来、その作り方しかしていません。

　小串シェフが繰り出す組み合わせの妙といえば、リコッタチーズとルバーブのジャムにもはっとさせられました。まろやかなリコッタにルバーブの酸味がきゅんと効いていて。ルバーブのほかに、あんずやパイナップル、金柑のジャムでも美味しかったです。

　野菜料理も素材をいろいろ使わず、一皿に1種類のみ。その分、使い方がとても上手だなと感じます。「ヤングコーンのオーブン焼き」も夏野菜の時期が到来したら自宅でよく挑戦したメニューです。皮を残したヤングコーンに塩とパルミジャーノとオリーブオイルをかけて焼くシンプルさ。こんがり香ばしく、ひげ根まで甘くて、わが家の居酒屋風献立には欠かせない一品となりました。

　こうして真似したくなる料理ばかりなのは、小串シェフと私の考え方が似ているからかもしれません。たとえば、「本来はイタリア野菜のプンタレッラで作るものだけど、入手できないからセロリにしてみた」という感覚、とても共感できるのです。ほろ苦いプンタレッラをアンチョビやレモン汁で食べるサラダは確かにセロリでも十分に美味しい。「無理にでも◯◯じゃなきゃ」ではなく、手に入りやすいもので作る。それが創作料理にならないのは、小串シェフの土台がどっしりイタリア料理にあるから。その技術と素材選びのセンスが魅力的で、小串シェフの男気料理を食べに行く日をいつも心待ちにしています。

しらすのフリッタータ

【材料／18cmのフライパン1個分】

卵…4個
釜揚げしらす…50g
青唐辛子…½本
パルミジャーノ・レッジャーノ（粉末）…大さじ2
塩…少々
オリーブオイル…大さじ2

【作り方】

❶青唐辛子は種を取ってみじん切りにする。
❷ボウルに卵を割り入れて溶きほぐし、しらす、パルミジャーノ・レッジャーノ、塩を加えて混ぜ合わせる。
❸フライパンにオリーブオイルを入れて中火にかけ、青唐辛子を加えてさっと炒めたところに②の卵液を流し入れる。卵のふちが固まってきたら箸で混ぜ合わせ、全体が半熟状態になったら、ふたをして表面がふっくらするまで1〜2分焼く。
❹器に盛り、お好みでオリーブオイルをかけてしらすを散らす。
＊新鮮な生しらすが手に入ったらそちらでもぜひ。

オルランド
東京都目黒区青葉台3-1-15
☎03-6427-0579

NATIVO | *Italian* |

ナティーボ
『ツナレモンパスタ』

三軒茶屋駅から決して近くない、にぎやかなエリアを外れたところに突然現れるイタリア料理店。「ナティーボ」は「土着的な」という意味で、その名の通り、イタリアの郷土料理・伝統料理を踏襲したメニューがいただけます。それらは私がいままで知っていたイタリアンとは全く違うもので、「これは真似して作ってみたいな」と思わせるものばかり。『ツナレモンパスタ』もその一つ。瀧本貴士シェフが作る、本家の「レモンパスタ」を初めていただいたとき、いっぺんで大好きになってしまいました。レモンはたっぷりと搾り、皮はすりおろして。細かく刻んだ青唐辛子と合わせて、大ぶりのツナがどさっとのせてあります。ツナの旨みに酸っぱ辛さがしっかりと効いていて、本当に美味しい！　翌日にはもう食べたくなって、早速真似っこしてみたくらいです。

でも、シンプルな料理だからこそ、瀧本シェフのテクニックで成り立っているもの。家で再現してみても、精度が落ちてしまいます。そこにひと工夫する余地があるなと思って、自己流にアレンジしてみました。青唐辛子はスーパーで見つからないときもあるし、みじん切りをしたあとの指はしばらくヒリヒリと痛くて、うっかり目をこすったらえらいことになった経験が。そこで、ゆずごしょうで代用してみることにしたのです。レモンと同じ柑橘類であるゆずの皮も使っているし、これはいけるんじゃないかな、と。

「ナティーボ」のツナは、イタリア産の上質なもの。家庭でよく使うツナとは、やはり味わいが違います。何かで味を補えないかな、塩けじゃなくて旨みがほしいな、と考えて「コ

ラトゥーラ」を足してみました。さらに、同じ魚醤だし、手に入りやすいナンプラーにして、誰でも作りやすい今回のレシピが完成。後日、瀧本シェフにもアイデアを褒めてもらった、公認レシピでもあります（笑）。にんにくが入らないからランチにもぴったり。ヘビロテしているお気に入りです。

「ナティーボ」で好きなパスタはまだまだあります。「ポマローラとバターのスパゲティー」もこちらならではのメニュー。シンプルなトマトソースの上にバターの塊をどてっとのせたビジュアルですが、決して見た目のインパクトを狙った一品ではありません。ソースは、にんにくも玉ねぎも使わずにトマトと塩だけを煮詰めたもの。旨みがぎゅうっと凝縮しています。そこにバターを溶かし込みながらいただくのですが、まろやかさとコクが加わって、もうたまりません！　美味しいトマトを頂戴したときに、ここぞと作ってみたこともあります。

オープンキッチンのカウンターに座っていると、聞くとはなしに料理の作り方を教えていただけることがありますが、当然、家では真似できないこともたくさん。「ピエモンテ風玉ねぎのオーブン焼き」は玉ねぎを丸ごとオーブンに入れて焼いただけかと思いきや、さにあらず。玉ねぎの中身をくり抜いてじっくり火を入れて、さらに詰め直して焼き上げたという、完成まで半日以上もかかる名物料理。玉ねぎがトロトロで、食べるオニオングラタンスープのよう。こちらに訪れてこそ楽しみたいメニューです。

力が抜けているけれど、本格的なイタリア料理。堅苦しさはないけれど、くだけているわけでもないサービス。センスがいいアンティークの調度品を配し、いかにもなイタリアンテイストにしないインテリア。そんな唯一無二のレストランが「ナティーボ」。こういうレストランを造ろうというコンセプトがあっても絶対にできない、自然に生まれた特別感があります。行くと気分が上がり、心地よく過ごせます。

ツナレモンパスタ

【材料／2人分】

スパゲティ…180g
ツナ缶
…1缶（100g）
A
レモン汁…大さじ2
オリーブオイル
…大さじ1
ナンプラー
…小さじ2
ゆずごしょう
…小さじ1〜2

【作り方】

❶ツナの缶詰は汁けを切る。ボウルにツナとAを入れ、軽く混ぜ合わせておく。
❷鍋にたっぷりの湯を沸かし、湯に対して1.5％の塩（分量外）とスパゲティを入れてゆでる。パッケージに表示された時間より30秒ほど早くざるに上げ、①のボウルに加えて手早く和える。
❸器に盛り、お好みで輪切りにしたレモン（分量外）を添える。

ナティーボ
東京都世田谷区上馬1-17-8
☎03-6450-8539

ONOGI | *Japanese* |

広尾 小野木

『いぶりがっこ入りポテトサラダ』

オープンして間もない頃から通っている和食屋さん。こちらの名物、前菜盛り合わせがとにかく好きで、行けば必ずオーダーしています。新型コロナウイルス対策として店内営業を自粛されていたときも、テイクアウトして、家族で「どれから食べる?」なんて楽しんでいたほど。季節野菜があったり、揚げ物があったり、珍味があったり、7~8種類が盛り合わせになった楽しさたるや! 雲丹(うに)と蟹のジュレ和え、とうもろこしのムース、フルーツの白和えなど、出会った好物は数知れません。

『いぶりがっこ入りポテトサラダ』は、この前菜盛りに登場する「スモークチーズのポテトサラダ」を参考にさせていただいたものです。「広尾 小野木」の店主、小野木茂樹さんが作るポテサラは、ゆでてつぶしたじゃがいもにいぶりがっこ、クリームチーズ、スモークチーズを混ぜて、パリパリのおせんべい状に焼いたパルミジャーノを添えてあります。ポテサラのレシピは数多ありますが、玉ねぎが入っているものばかり。小野木さんのポテサラを食べて初めて、「玉ねぎは入れなくてもいいんだな、私はむしろないほうが好きだな」と気がつきました。

小野木さんは3種類のチーズを使っていますが、家庭で揃えるのは難しいから、クリームチーズとスモークチーズのみで。いぶりがっこの食感とスモークチーズの香りがよくて、お酒のアテにもなります。おつまみ用に買っていたスモークチーズが残っていればそれでいいし、手軽にぱぱっと作りたいときは、いぶりがっことクリームチーズだけ、それにマヨネーズを少し加えて。それだけでも十分に

美味しいのです。

　このポテサラのように、小野木さんの料理は素材の組み合わせにひと工夫がなされているところが魅力です。他にも、パクチーのおひたしとか、アイデアを頂戴したくなるメニューの宝庫。もちろん、キャベツにじっくりと火入れして、旨みと甘みを引き出した「キャベツ味噌」など、作り方を聞いても到底真似できない料理もたくさんあるのですが。

　小野木さんで参考にしたくなるのは、料理だけではなく器使いもです。いまでは個展に伺うほどファンの余宮隆さんも、こちらで使われているのを目にして、初めて知ったのです。わが家にあるものと同じ器が使われているので、それを見て料理の合わせ方や盛り方を参考にしています。器の趣味が合うということは、やはり料理を含めて好みが似ているのでしょうね。そういった点でも、安心して通えるお店です。

　そう、小野木さんには安心感があります。仕事仲間やママ友を連れて行っても、絶対に喜んでもらえます。それほど近しくない方に「どこかいい和食屋さんを知りませんか？」と聞かれたら、どんなお店がお好きなのかわからず頭を抱えそうだけど、小野木さんのお店なら安心して紹介できてしまう。

　お料理はちゃんとした和食で、でもありきたりではなくて、そのクオリティをいつも保たれています。和食屋さんで接待なんてどんな値段になるのか恐ろしいけれど、こちらならそこまで無理のない価格帯。家族で行くのもいいですし、居心地がいいから、二人きりのデートにもぴったり。料理、価格、雰囲気、サービス、どれも有り難いちょうどよさなのです。どんなシチュエーションで訪れても間違いがない。そういった和食店って、ありそうでなかなかないものです。

いぶりがっこ入りポテトサラダ

【材料／2人分】

じゃがいも（メークイン）…2個
いぶりがっこ…4〜5切れ
クリームチーズ…60g
スモークチーズ…20g
マヨネーズ…大さじ2
塩、こしょう…各適量
黒こしょう…適宜

【作り方】

❶じゃがいもは水からゆでて、竹串がすっと通るくらいの柔らかさになったらざるに上げる。皮をむき、ボウルに入れて粗めにつぶす。
❷いぶりがっことスモークチーズは粗めのみじん切りにする。
❸①のじゃがいもの粗熱が取れたら、クリームチーズとマヨネーズを加えて混ぜ合わせ、塩とこしょうで味を調える。スモークチーズといぶりがっこを加えて混ぜ、器に盛る。
＊仕上げに、黒こしょうをかけても美味しい。

広尾 小野木
東京都渋谷区広尾5-8-11-2F
☎03-6447-7657

KOUGA | *Japanese* |

おそばの甲賀

『牡蠣うどん』

西麻布の交差点のほど近くに「汁菓子siruka」という甘味処がありました。とても好きなお店で、お世話になった方への季節のご挨拶にはそちらの和菓子を贈っていたほどです。よく息子を連れて伺っていたので、息子がひそかに「抹茶の君」と呼ばれていたなんていう思い出もあるお店です。残念ながら閉店されることになり、その折に女主人から、同じ場所で甥っ子さんがお蕎麦屋さんを構えると聞きました。その甥っ子さんというのが「おそばの甲賀」の店主、甲賀宏さん。「赤坂砂場」での14年間の修業を経て、独立されたのです。

開店当初から行くようになったきっかけは、そんなご縁があったからですが、通い続けているのはやっぱり美味しいから。角がきちんと立っていてキリッとしている、そういう蕎麦が大好きなのです。ちょっとした一品からコース料理まで揃っているし、この界隈で折り目正しいお蕎麦がいただける貴重な存在です。年越しには、こちらでお願いした蕎麦をいただくのがわが家の恒例行事。

ベーシックな蕎麦ももちろん美味しいのですが、おすすめしたいのは季節の変わり蕎麦です。「すだちそば」には少量のもずく酢が添えられていて、それを入れると味わいがぐっと立体的になります。「トマトとホタテの冷やしそば」は、しそペーストで和えたホタテとフルーツトマトがのっていて、さっぱりとしてこれまた美味しい。期間限定の「中華そば」はラーメンマニアも行列をなすほどの人気。「豚にらそば」や「カレーせいろ」などなど、季節ごとに訪れる楽しみがあるのです。

冬の変わり蕎麦は、何と言っても「牡蠣そ

ば」。始まったと聞いたら、居ても立ってもいられず駆け付けます。薄衣をつけて揚げ焼きにした、大粒の牡蠣をのせてあるのが甲賀さん式。これまで食べたことがある牡蠣そばは、かけつゆに牡蠣をそのまま入れて火を通したものばかりでした。それだとどうしても磯っぽさが勝ってしまって、蕎麦のつゆには合わないんじゃないかなぁと感じていました。甲賀さんの蕎麦だと、牡蠣はぷりっと香ばしく、衣の油がほんのりとつゆに溶け込んで、味わいを引き立てているのです。

揚げればいいというわけでもなくて、よくある天ぷらにすると、厚い衣がつゆの中でモロモロと溶けて、油くさくなってしまいそうですよね。薄めの衣と揚げ具合が絶妙なんです。つゆを汚さず、蕎麦の邪魔をしないくらいの塩梅に仕上げる甲賀さんのセンスは素晴らしいと思います。「この油の旨み、すごい！」と、いつもつゆを一滴たりとも残さず飲み干してしまい、満腹に（笑）。

牡蠣の旬が到来したら、あの一杯が食べたいと欲して、作ってみたのが『牡蠣うどん』です。衣がつきすぎないように牡蠣の水けをしっかりと取ってから、薄力粉をはたき、余分な粉を落とすことがコツでしょうか。ごく薄い衣にして、旨みの素になるくらいの油をまとわせるように。油にどっぷり浸して揚げるのではなく、少なめの油で焼き付けるようにして、香ばしく仕上げます。

今回ご提案したレシピでは、蕎麦よりもゆで加減などに気を遣わなくて済むうどんを使いました。うどんでも蕎麦でも、お好きなほうでどうぞ。京都の「原了郭 黒七味」をぱらりとかけても美味しいです。

牡蠣うどん

【材料／2人分】

ゆでうどん…2玉
牡蠣…6粒
薄力粉…適量
サラダ油…適量

つゆ
だし汁…420mℓ
みりん…70mℓ
しょうゆ…70mℓ
長ねぎ…適量
ゆずの皮…適宜

【作り方】

❶つゆを作る。鍋にだし汁を入れて中火にかけ、沸騰したらみりんとしょうゆを加えてひと煮立ちさせる。
❷牡蠣は塩水（分量外）でふり洗いし、キッチンペーパーで水けをしっかりとふき取る。薄力粉を薄くまぶし、余分な粉を落とす。小さなフライパンに1cmの深さまでサラダ油を入れて中火にかけ、牡蠣を加える。牡蠣がふっくらとするまで揚げ焼きにする。
❸①の鍋を中火にかけ、うどんを入れて柔らかくなるまでゆでる。
❹器に③のうどんとつゆを盛り、牡蠣をのせ、小口切りにした長ねぎを添える。
＊お好みでゆずの皮を添える。
＊うどんは乾麺でも。お好みのもので。

おそばの甲賀
東京都港区西麻布2-14-5
☎03-3797-6860

MAMETAN | *Japanese* |

まめたん

『具だくさんご飯』

「まめたん」という店名の由来は、その建物が元は炭屋さんだったからだそうです。面影を残す古民家を改装した、カウンター7席と小上がり一つの小さな和食店。「手頃な和食屋さんに行きたいね」という話から仕事仲間と訪れてみたところ、すっかり気に入って、いまは家族3人で定期的に通っています。行くたびに次回の予約を入れて帰るから、2ヵ月弱に一度は訪問するペースでしょうか。

カウンター越しに迎えてくれる若き店主、秦直樹さんが作る料理は一見するとキテレツというか（笑）、とても独創的。初訪問では「トマトとブルーチーズの茶碗蒸し」という斬新さに驚き、食べてその美味しさにまた驚きました。美味しいのはもっともで、名料亭の「紀尾井町 福田家」さんで修業をされていただけあって、和食の肝は決して外していないのです。そして、お一人で切り盛りしているワンオペならではのアドリブ感がものすごい！　コースで展開するお料理はもちろんのこと、秦さんのアドリブが遺憾なく発揮されるのが最後の土鍋ご飯です。そろそろシメかな、と思ったところで「前回は何を召し上がりましたっけ？」と聞いてきたかと思えば、その場にあるものでさっと作って出してくれたり。

それができるのも、「まめたん」ではだし炊きのご飯に、焼いたり揚げたりした具材をプラスする〝あとのせスタイル〟が主流だから。一般的な和食屋さんで出される、初めから具材を一緒に炊き込んだ土鍋ご飯とは少し違います。例えば牡蠣を使うにしても、とある日は揚げて、四万十の海苔とともに炊き立てご飯の上にわさっとのせて。牡蠣の香ばしさと

海苔の風味がこれまでの牡蠣ご飯にはないもので、「こんな食べ方があるんだ」と新たな発見ができました。

いままで登場したまめたん流ご飯で印象深かったのは、牛ステーキ×木の芽、揚げたホタルイカ×ゆでたホタルイカ、鯛×とうもろこし×山椒の実をのせたもの……。いつも違っていつも美味しいから挙げきれませんが、どれも組み合わせの妙が楽しくて、秦さんのセンスに唸らされます。たけのこを炊き込みご飯にしたときも、そのままシンプルに登場するわけもなく、甘辛く煮た牛肉をたっぷりとのせてくれました。そうすると、たけのこご飯にほしかった〝おかず感〟が出て「これは合う!」と思わず納得。

素材の組み合わせ、炊き込みご飯の自由さを真似してみたのが、ご紹介している『具だくさんご飯』です。お店では、春キャベツ、アスパラガス、たけのこを牛脂で炒めて、ほぐしたオックステールの身と合わせてご飯に混ぜ込んでいました。旨みとコクがのった春野菜の風味がご飯になじんで、とても美味しかったのです。それを手軽なベーコンを使ってアレンジしてみました。

この料理のポイントは、白ご飯ではなく、だしで炊いたご飯に具材を混ぜ込むこと。白ご飯に混ぜるなら味が薄まることを想定して具材の味付けを濃くする必要がありますが、だし炊きご飯なら、圧倒的に味のなじみがよくなります。スパゲティをゆでるとき、塩を入れて麺にもきちんと下味を付けておくのと同じ考え方ですね。

以前からよく作っていた、豚ばら肉とエリンギの混ぜご飯でも、白飯をだし炊きご飯に変えてみて、「もっと美味しくなったなぁ」などと悦に入っています。

具だくさんご飯

【材料／4人分】

米…2合
だし汁…360㎖
酒…大さじ1
薄口しょうゆ
…小さじ2
塩…小さじ1

具
キャベツ…3枚
ゆでたけのこ…80g
アスパラガス…3本
ベーコン…4枚
バター…大さじ1
しょうゆ…小さじ2
塩…小さじ½
こしょう…少々

【下ごしらえ】

米は洗ってざるに上げる。キャベツは水にさらしてぱりっとさせ、水けを軽く切って3㎝角にちぎる。アスパラガスはさっと塩ゆでして、2㎝長さに切る。たけのこは2㎝の角切りにする。ベーコンは1.5㎝幅に切る。

【作り方】

❶鍋に米を入れてだし汁を注ぎ、30分ほど浸水させる。酒、薄口しょうゆ、塩を加えて、ふたをして中火にかけ、沸騰したら14分ほど炊く。火を止めて5分ほど蒸らす。

❷米を蒸らしている間に、フライパンにバターを入れて中火にかけ、バターが溶けたらベーコンを加えてさっと炒める。たけのこ、アスパラガス、キャベツの順に加え、その都度炒め合わせ、しょうゆ、塩、こしょうで味を調える。

❸炊き上がったご飯に②をのせる。ざっくりと全体を混ぜ、器に盛る。

＊たけのこの旬の時期にぜひ。

まめたん
東京都台東区谷中1-2-16
☎080-9826-6578

FUMIN | *Chinese* |

中華風家庭料理 ふーみん

『豚ばらの梅干し煮』

創業は1971年。神宮前から南平台への移転を経て、現在の南青山・骨董通りにお店を構えてから実に30年以上になる「中華風家庭料理 ふーみん」。お店を知ったきっかけは、ファンである平野レミさんのレシピ本です。名物料理の一つ「ねぎワンタン」が誕生したのは、レミさんの夫の和田誠さんの提案から、といったエピソードも印象深く、レミさんが通う店ならばと訪れてみました。

私が「ふーみん」に通い始めた頃、青山界隈は今のようにおしゃれなお店が建ち並ぶエリアではありませんでした。外食ができるところも限られていて、「ふーみん」は食いしんぼうたちのお腹を満たしてくれる貴重な存在。そして、入れ替わりも激しい一帯で、現在も変わらずにあり続けている青山のランドマークなのです。近くの小学校に通っていた息子を連れて行くこともあり、長年家族ぐるみでお世話になっています。ごく最近も息子とお邪魔して、彼がふと「ここはいつ来ても変わらないね」と口にしたほど。場所柄、仕事の合間のロケランチや打ち合わせごはんに使わせていただくこともあります。

こちらに足を運びたくなる理由はやっぱり、オーナーシェフの斉風瑞（さいふうみ）さん、通称ふーみんさんのオリジナリティあふれる家庭的な料理です。夜のメニューなら、絹ごし豆腐にたらこのコクあるスープを纏わせた「たらこ豆腐」や具だくさんの「五目焼きそば」が大好き。お昼にいただくなら、冷やしの「ねぎそば」。冷たい麺にたっぷりの白髪ねぎをのせて、そこに熱い油をジュッとかけて。野菜入りをオーダーすると、せん切りのきゅうりが加わってさらに美味しい！　ランチタイムは太っ腹

にも食べ放題というザーサイをのっけて、お酢で味変しながら食べれば最高です。

お昼ならもちろん、「豚肉の梅干煮」も外せません。こっくり味が染みた豚ばら肉と一緒に、梅干しを崩しながらさっぱりといただけます。12時過ぎには売り切れてしまうこともある、ランチ限定メニューだからありつけたら喜びもひとしおです。

この一品を再現したくて、お店のレシピ本を参考にしつつ、わが家流にアレンジしたのが『豚ばらの梅干し煮』（P163）です。まず考えたのは、味の要である梅干しについて。梅干しは個体差があるから、どんなものを使うかで仕上がりが違ってしまいますよね。流行りのはちみつ漬けや減塩タイプでは全くダメで、昔ながらの添加物なし、しそも加えていない梅干しを使うことがポイントだと思います。とはいえ、「ふーみん」で使われている梅干しは大きすぎず小さすぎずで、同じサイズがなかなか見つからなくて、私は大粒のものを使っています。そうすると、お店のレシピ通りの個数を入れるとしょっぱくなりがちなので、減らす必要がありました。また、お店では甘みとしてざらめを使っているのですが、この料理のために用意するのも難しいので、うちで作るときは普通の砂糖で。でも、ざらめと同量を使っても同じ甘さは出せないのです。だから、私のレシピでは砂糖の分量はちょっと多めになっています。

「ふーみん」では、手間をかけて大量に仕込むことを何十年も続けていて、それこそ〝変わらない味〟を守っています。そんなお店の味に勝てるわけがありません。だから、お店で食べた「豚肉の梅干煮」を目指しつつ、家庭で作りやすいように調整してきたのがわが家の味なのです。

豚ばらの梅干し煮

【材料／4人分】

豚ばら肉
（角煮用ブロック）
…600g
水…2ℓ
にんにく…3かけ
A
梅干し…8個
しょうゆ…100mℓ
酒…80mℓ
砂糖…20g
ゆで卵…4個
しょうゆ…大さじ2
小松菜…1束
B
水…300mℓ
サラダ油…大さじ1
鶏がらスープの素
（顆粒）…小さじ1
塩…小さじ1

【作り方】

❶ビニール袋にゆで卵としょうゆを入れて1時間ほどおく。

❷豚ばら肉は4cm角に切る。大きめの鍋に湯を沸かし、豚肉を入れてひと煮立ちさせたらアクを取ってざるに上げる。別の鍋に移し、水とにんにくを加えて強火にかける。煮立ったらAを加え、ふたをして50分ほど弱火でことこと煮込む。

❸小松菜は根元を切り落として4cm長さに切る。鍋にBを沸かし、小松菜をさっとゆでてざるに上げ、水けを切る。

❹豚肉が柔らかくなったら、①の卵の汁けを切って加え、ときどき混ぜながら10分ほど煮込む。味見をして、薄かったらしょうゆ（分量外）を加えてさらに10分ほど煮る。

❺器に豚肉を盛り、半分に切った卵と小松菜を添える。

中華風家庭料理
ふーみん
東京都港区南青山5-7-17
小原流会館B1F
☎03-3498-4466

Part 7 やっぱり茶色めし

たっぷりの野菜を添えてこそ、茶色めしの美味しさが引き立つと思います。

――〝茶色めし〟って言葉、いつの間にか定着しましたよね。検索すると、手料理から外食まで、茶色っぽい料理写真がずらっと。

あれって、どこから始まったんでしょうか？　私も大好きでよく作っていますけど。〝茶色めし〟に少し自虐の意味も込めて（笑）。

――え、自虐!?

見た目はどうしても地味ですから。でも、見栄えに腐心して料理をするくらいなら、地味でもいいんじゃないのかな、という〝映え〟に対するちょっとしたアンチテーゼといいますか（笑）。

――逆に、美味しさ重視ということですね。アリコさんが作る茶色めしって、具体的にどんなものですか？

カレーとかステーキとか、その色合いから茶色めしとひとまとめにすることもありますが、まず挙げたいのはしょうゆ味の料理。甘辛に仕上げてもいいし、バターとの組み合わせもいいし。それをおかずに白いご飯が進んじゃうような……白米に抜群に合うのが茶色めし、ですかね。あと、しょうゆって肉や魚の味を引き立ててくれると思うんです。旨みも増しますしね。

――素材のくさみが取れるし、焼いたり揚げたりすると香ばしさも出ますね。

男家族っていうのもあるのかしら……。夫と息子が喜ぶものをと思って作ると、つい茶色めしになりがちに。いや、でも自分を含めて女性だって茶色めしは好きですね（笑）。【＊1】

――はい、今回試食したときもご飯が進みすぎてうっかり食べすぎました（笑）。

茶色めしを作ったときに、心掛けているのは野菜をたっぷり添えることでしょうか。ゆでただけのキャベツでも、きゅうりを切っただけのサラダでも。

――手間をかけた野菜の副菜を作るわけじゃなく。

はい、その代わり、量はふんだんに！　です。うちではおかずの倍量ほど野菜を用意します。茶色めしって、こっくり甘辛い味わいのものが多いから野菜があると引き立つんですよね。

――箸休めになりますよね。

茶色めしって言ってますけど、じつは〝緑〟もたっぷり入ってます（笑）。さっぱりとした野菜のおかげで、最後まで美味しく食べられるんだと思います。

鶏肉をたくさん入れることで揚げ油をかさ増し。少ない油で済むからフライパンで揚げ物ができます。

――『鶏の竜田揚げ』（P178）は『油淋鶏』（P46）と同じく、鶏肉の下処理が大切ですね。

ブヨブヨっとした部分がないほうが味に締まりが出るので、キッチンばさみで余分な脂身を切り落としています。お肉屋さんできれいに掃除してくれたものを買ってきてもいいと思います。

――そして、フライパンでできるというのがハードルを下げてくれます。しかもアリコさんのレシピだと揚げ油の量が少なくていいんですね。

いまは環境のことを考えると、油をたっぷり使いたくないということもあります。揚げ油を浅めに入れたところに鶏肉をいっぱい入れたら油のかさが増しますよね？　なので、むしろフライパンで十分だし、油も少量で大丈夫なんです。油の表面から鶏肉が少し出ているくらいの状態でひっくり返しながら揚げたら、カリッと出来上がりますよ。

――でも揚げ上がりの見極めが難しいです。鶏肉はしっかり火を通さないと不安ですし。

【＊1】
茶色めしいろいろ
右）焼肉ビビンバ丼。
中）豚ヒレ肉のサルティンボッカ風。お肉に小麦粉をはたき、オリーブとともに白ワインでさっと煮たひと皿。
左）車麩入りの肉豆腐。

アリコさんの揚げ物ルール

フライパンでＯＫ

（中華鍋も使いますがフライパンで揚げ物のハードルを下げています）

たくさん入れて揚げ油をかさ増し

（竜田揚げやから揚げなど。少ない油で揚げ物ができます）

低めの温度から揚げて最後に高温に

（外はカリッ、中まで火が通りつつジューシィな仕上がりに）

最初から高い温度で揚げると、外はこんがりなのに中はまだ生っぽい、ということがありがちですよね。基本的に低めの温度から揚げていきます。中に火が通るにつれて油の温度も上がっていくから、最後に高い温度でカラッと仕上げるようにしています。あとは、火の通りにムラが出ないように、鶏肉の厚みは揃えるように切ります。

――コツは低めの温度から揚げる、ですね。

はい。そして私、油ハネが怖いから、鍋やフライパンにかぶせるネットは絶対に使います。『とうもろこしの素揚げ』（P74）も実がはじけて油がはねやすいから、このネットは欠かせません。【＊2】

――今回教えてもらった竜田揚げは卵を使わない片栗粉の衣ですが、ちなみにアリコさん家のから揚げについても教えていただけませんか?

おろしたしょうがとにんにく、紹興酒などのお酒、しょうゆに砂糖、ごま油、塩、溶き卵、片栗粉すべてをもみ込むレシピです。【＊3】20分ほどおいて味をなじませてから揚げれば、ふっくらジューシィに。衣をしっかりまとわせたほうが美味しいです。

――それもご飯にぴったりな茶色めしですね！

焼いた豚肉にコクのあるバターしょうゆだれをかけるだけ。砂糖の甘さがないから、あっさりと食べられます。

――『豚しそバター丼』（P176）、これはもうバターじょうゆの香りが食欲をそそります。

豚ロース肉は塩とこしょうのみでシンプルに焼いて、バターとしょうゆ、お酒を合わせたたれをかけただけ。レシピにはだししょうゆとありますが、もしなければその分を普通のしょう

【＊2】
油ハネ防止ネット
鍋にふたをすることで油の飛びはねをカット。掃除もラクになるので揚げ物作りが苦にならない。

【＊3】
アリコさんのから揚げ
鶏もも肉約500gに対して、おろししょうがとにんにくはそれぞれ小さじ1、お酒大さじ1、しょうゆ大さじ1、砂糖小さじ1、ごま油大さじ1、塩小さじ1、溶き卵1個分、片栗粉大さじ4をもみ込んでから揚げる。

ゆにしても大丈夫ですよ。

――豚肉を焼いたあと、そのままたれの材料を入れるのはＮＧ？

せっかくのバターしょうゆだれを風味よく仕上げるには、余分な脂をさっとふき取ったほうがいいと思います。【＊4】このたれをまとった肉にみょうがと白髪ねぎ、ちぎった青じそがぴったりなんです。

――あの薬味は欠かせないですね。すだちをきゅっと搾っても美味しかったです！

さっぱりといただけますよね。味つけに甘みが入らない豚肉料理って意外となくて、気に入っているレシピです。

――こちらも昔から作り続けている定番料理だそうですね。

はい、井上絵美先生から教えていただいたレシピがベースです。もともとは絵美先生による男性向けの料理教室に行った夫が習ってきたものなんです。

――普段から料理をしない人でもぱぱっと作れるし、一品で満足感があるからお昼ごはんにもいいですね。

食べごたえがありますからね。味にもっとパンチがほしかったら、バターを溶かすときにおろしにんにく少々を加えても美味しいと思います。

フライパンに豚肉と玉ねぎを入れてから火をつける。慌てずに調理できるし、しっとり仕上がります。

――『しょうが焼き』（P174）にはいろいろ作り方がありますが、アリコさん流のコツは？

今回は初心者の方でも失敗しない作り方をご紹介しました。まず、冷たいフライパンに材料

【＊4】
フライパンに残った余分な脂はふき取る
『煮込みハンバーグ』（P114）と同様、フライパンに残った余分な脂は、面倒がらずにふき取って。仕上がりの味わいが変わる、大事なポイント。

を入れてから火をつけることがポイントですね。

――〝コールドスタート〟ですね。【＊5】

フライパンを加熱したところに食材を加えて、味付けをして……だと慌てちゃいますよね。この方法だと豚肉をきちんと広げて並べられるし、ゆっくりと低い温度から火を入れるからお肉が硬くなるのも防げます。

――油を熱したところにお肉を入れると、あっという間にカチカチに焼けちゃったりすることも……。そしてフッ素樹脂加工のフライパンだから油をひく必要もないんですね。

そう、それもいいですよね。玉ねぎは豚肉の上にのせるんですが、豚肉の片面を焼きつけたら玉ねぎごとひっくり返して蒸し焼きにするので、焦げつきも油ハネもほとんどありません。しかもお肉だけのときと違ってよりふっくら焼き上がるような気がします。玉ねぎはぜひたっぷり入れてください。

――お肉の美味しさをまとった玉ねぎがたっぷり食べられるのは嬉しいです。

たれに漬けず、あとから加えることで硬くならず焦げつかず、いいことばかり。

――たれに漬けておかなくていいのも、お手軽です！

蒸し焼きにしたあとに合わせ調味料を加えるようにしました。たれを後入れにすると、焦げつきにくくなるのでおすすめです。私も以前はたれに漬けてから焼いていたんですが、お肉が硬くなるし、うっかり焦げることもあって。薄切り肉を使うなら、焼く前から漬け込んでおく意味もないんじゃないかな？　最後にたれを煮からめるだけで十分だと思います。

【＊5】
コールドスタート
「熱したフライパンに油をひいてから材料を入れ～」というのが一般的でしたが、材料を入れてから火にかけるのがこの調理法。食材を低温から調理することで肉や魚がしっとり柔らかく仕上がるのが特徴。コーティング加工されたフライパンでお試しを。

――はい、お肉とたれがしっかりなじんで美味しかったです。

とろみのある仕上がりが好きな方は、あらかじめ豚肉に片栗粉を軽くまぶしておいても。その場合は玉ねぎをナシにして肉だけで焼いて、せん切りキャベツを添えるだけで十分だと思います。

――しょうが焼きにせん切りキャベツはマストですね。もりもり食べられちゃいます。

茶色めしに野菜たっぷりは鉄則ですね。キャベツだけでもいいですし、このレシピのように青じそを少し加えるとさっぱり爽やかになります。今回はボリュームのあるしょうが焼きにキャベツとポテトサラダを添えて、気軽な定食屋さん風の盛りつけにしてみました。

――ご飯が止まらない、たまにどうにも食べたくなる茶色めしの王道！でした。

身の締まった魚の照り焼きには玉酒を使うとふっくら仕上がります。

――玉酒って、実は初めて聞きました。

『金目鯛の煮付け』（P130）でも使っているものです。私はお酒と水を1：2の割合で混ぜていますが、同量程度に合わせたものを玉酒と言います。

――古くからの日本料理用語なんですね。どんな効果があるんですか？

和食屋さんだと魚の下洗いや下味をつけるのに利用したりもするんですが、私は魚の照り焼きや煮魚に使います。魚に初めからたれを加えずに、玉酒で蒸し焼きにするというひと工程を挟むことで身がふっくらとするんです。

――かじきまぐろって硬くなりがちですものね。

【＊】
こちらもおすすめ！
時短魚料理「銀だらのコチュジャン煮」

作り方／4人分
鍋にしょうゆ（大さじ3）、酒（大さじ4）、みりん（大さじ3）、水（大さじ2）、砂糖（大さじ1）、コチュジャン（大さじ2）、韓国産の粗挽き唐辛子（あれば／小さじ2）を合わせて火にかける。煮立ったらにんにくとしょうがのみじん切り（各大さじ1）、長ねぎのみじん切り（½本分）を入れ、ひと混ぜしてから銀だら（4切れ）を並べて入れる。おとしぶたをして10分ほど煮る。仕上げにごま油（大さじ1）をたらす。

身がしっかりしている魚は玉酒を加えるといいですよ。さわらやぶりなどを照り焼きにするときも、身がカチカチにならずに出来上がります。

――まず表面を焼き固めてから玉酒を入れ、最後にたれを。

この蒸し焼き工程のおかげで生焼けになる心配もないんです。いきなりたれを入れて中まで火を通そうとすると、煮詰まって味が濃くなるし、しまいには焦げついたりして。

――わかります！　あと、アリコさんらしいと思ったのは、かじきまぐろを焼いたときに出た脂をしっかりふき取るところです。

はい、つい省きたくなっちゃいますがこれは必ず！　そのままだと仕上がりが脂でギトギトになっちゃうし、こうすることで雑味なく仕上がると思います。

――そのひと手間を惜しまないのは、アリコさんレシピの大切なところですね。

効率よくできる作り方はどんどん取り入れますが、味を左右するところは丁寧に、を心掛けています。料理も「気は心」かなと。

――仕上げにはレモンとバターをのせて。これもしょうゆ味によく合います。

もちろん、これはお好みで。バターはなくてもいいですよ。大根おろしを添えてもさっぱりと美味しくいただけます。

しょうが焼き

【材料／2人分】

豚ロース肉（しょうが焼き用）…400g
玉ねぎ…1個
合わせ調味料
　しょうがすりおろし…1かけ分
　にんにくすりおろし…1かけ分
　しょうゆ…大さじ3と½
　酒…大さじ2
　みりん…大さじ1
　砂糖…大さじ1と½
キャベツ、青じそ…各適量

【下ごしらえ】

玉ねぎは繊維に沿って薄切りにする。合わせ調味料の材料は混ぜ合わせておく。キャベツと青じそはせん切りにして軽く混ぜ、さっと水にさらしたらざるに上げて水けを切る。

【作り方】

❶フッ素樹脂加工のフライパンに豚肉を並べ入れ、上に玉ねぎをのせてから中火にかける。

❷豚肉に焼き色がついたら玉ねぎごと裏返し、ふたをして豚肉全体の色が変わるまで1分ほど蒸し焼きにする。

❸合わせ調味料を回し入れ、豚肉と玉ねぎにからめ、全体が煮立ったら火を止める。

❹器に盛り、青じそ入りキャベツを添える。

【美味しいメモ】

1―火をつけるのは、フライパンに豚肉と玉ねぎを入れてから。

2―玉ねぎに重ねて蒸し焼きにするから、お肉がしっとり。

3―たれに漬け込む必要なし！あとから加えてからめるだけ。

豚しそバター丼

【材料／2人分】

豚ロース薄切り肉
…10枚
長ねぎ…½本
みょうが…1個
青じそ…10枚
サラダ油…大さじ1
塩、こしょう
……各少々

たれ
バター…大さじ3
酒…大さじ3
しょうゆ…大さじ2
だししょうゆ
…大さじ1

ご飯…適量
すだち…1個

【下ごしらえ】

豚肉は両面に塩とこしょうをふる。長ねぎは4㎝長さに切り、繊維に沿ってせん切りにする。みょうがはせん切りにする。長ねぎとみょうがは水にさらし、水けを切る。青じそは軸の硬い部分を切り落とす。すだちは半分に切る。

【作り方】

❶フライパンにサラダ油を入れて中火にかけ、豚肉を1枚ずつ並べ入れ、両面を香ばしく焼いて取り出す。

❷フライパンに残った脂をキッチンペーパーで軽くふき取り、バターを入れて中火にかける。バターが泡立ってきたら酒を入れて沸騰させ、しょうゆとだししょうゆを加えて混ぜながら再び沸騰させる。

❸器にご飯を盛り、豚肉、長ねぎ、みょうがをのせ、②のたれをかける。青じそを大きめにちぎってのせ、すだちを添える。

【美味しいメモ】

1 ― 甘みなしのバターじょうゆに爽やかな薬味が好相性。

2 ― がっつりパンチがほしいときはたれにおろしにんにくを加えて。

鶏の竜田揚げ

【材料／4人分】

鶏もも肉
…2枚（350g）

A
しょうが…1かけ
しょうゆ…大さじ2
酒…大さじ1
砂糖…小さじ1

片栗粉…適量
揚げ油…適量
レモン…適宜

【下ごしらえ】

鶏肉は余分な脂身を取り除き、筋を切って、ひと口大のそぎ切りにする。しょうがはすりおろす。

【作り方】

❶ボウルに鶏肉を入れ、Aをすべて加えてもみ込み、15分ほどおく。

❷①の鶏肉の汁けをキッチンペーパーで軽く取り、片栗粉をまんべんなくまぶす。

❸フライパンに揚げ油を高さ2㎝ほど入れて中火にかけ、約120℃になったら、②の鶏肉の余分な粉を落として入れる。

❹油の温度が約170℃になったら弱火にし、鶏肉を返しながら揚げていく。最後に強火にして1分、表面がカリッときつね色になったら取り出す。油を切って器に盛り、お好みでレモンを添える。

【美味しいメモ】

1―雑味のない鶏肉料理は丁寧な下処理が鉄則です。

2―一度にたくさん揚げればかさが増すから少量の油で済む。

かじきまぐろの照り焼き

【材料／2人分】

かじきまぐろ（切り身）
…2切れ
たれ
しょうゆ
…大さじ1と½
みりん…大さじ1
砂糖…小さじ1
玉酒
水…大さじ1
酒…大さじ½
ししとう…6本
サラダ油…小さじ1
塩…適量
レモン（輪切り）…2枚
バター…20g

【下ごしらえ】

かじきまぐろはキッチンペーパーで水けをふき取る。たれと玉酒の材料をそれぞれ合わせておく。ししとうは軸を切り落とし、包丁の刃先で2ヵ所ほど穴を開ける。フライパンにサラダ油を入れ、ししとうを強火で炒める。皮がぷくっとふくれたら塩をふって取り出す。

【作り方】

❶ ししとうを炒めたフライパンをさっと洗って水けをふき取る。かじきまぐろを並べ入れて（油は不要）、強火にかける。このとき、盛りつけ時に上になる面を下にする。

❷ 焼き色がついたら裏返し、中火で焼く。身の色が変わったら火を止める。キッチンペーパーで表面に出てきた脂をふき取り、玉酒を加える。ふたをして中火で1分半ほど蒸し焼きにする。

❸ 再度キッチンペーパーで魚から出てきた水けと脂をふき取る。たれを加え、かじきまぐろにスプーンでまわりのたれをかけながら、たれにとろみがつくまで煮からめる。

❹ かじきまぐろを器に盛る。ししとうを添え、レモンとバターをのせる。

【美味しいメモ】

1―
"玉酒"を入れて蒸し焼きにすることで身はふっくら仕上がる。

2―
余分な脂と水けをふき取って雑味のない味わいに。

酸っぱいのが大好き

ぼんやりとした味があまり好みではなくて、酸っぱいなら酸っぱい、辛いなら辛いとメリハリがある味つけが好きです。だから、私が作る酸味を効かせた料理は、一般的なレシピよりも酸っぱく感じられるかもしれません。酸っぱいといってもいろいろな種類がありますが、お酢、柑橘類、梅干し……どれも使います。

簡単なところだと、ヨーグルトにすりおろしたにんにく、塩とレモン汁を入れたドレッシング。ソースとして鶏肉や豚肉のガーリックソテーに添えてもいいですし、焼いた鶏ささみに蒸したズッキーニやブロッコリーを盛り合わせたところに、このドレッシングをかけていただくと一品でもお腹がいっぱいに。低糖質なダイエットメニューとしてもおすすめです。

米酢に塩とこしょう、おろしにんにく、ごま油を合わせたドレッシングもよく作ります。私のドレッシングは油が控えめだから、酸味がほどよく立っています。これできゅうりとレタスを和えたサラダは息子の大好物。通称「しゅんちゃんサラダ」としてわが家の定番となっています。そう、息子も酸っぱいものが好きなのです（笑）。

しゃぶしゃぶをするにしても、私も家族もごまだれよりポン酢派です。よく使うのは、馬路村農協「ぽん酢しょうゆ ゆずの村」です。ゆずの風味がよく、角のない酸味とかつおだしのまろやかさが好みです。『ブロッコリーの塩昆布ポン酢』（Ｐ１８６）は、ポン酢で味わう野菜の小鉢。塩ゆでしただけのブロッコリーにポン酢をかけて、塩昆布で旨みをプラスした簡単おつまみです。キャベツやきゅうりなどほかの野菜でも楽しめると思います。

常備菜として作っておくと助かるのは、『新しょうがのコロコロガリ』（Ｐ１８４）と『みょうがの甘酢漬け』（Ｐ１８５）です。コロコロガリは、何度もお伺いしているお寿司屋さん「谷中 松寿司」の店主であり、料理研究家でもある野本やすゆきさんのレシピを参考にさせていただいたもの。甘酢を作ったら、さっとゆでた角切りしょうがを漬けるだけです。薄切りにしたガリと違って、シャキシャキとした食感が何とも楽しい。ちらし寿司や混ぜご飯に加えたら、さっぱりとして食が進むこと間違いなしです。フレッシュさを味わうなら漬けてから1週間ほどで、よく漬かったほうがお好きなら3〜4週間ほど経ったものがいいと思います。みょうがはさっとゆでてから、甘酢に漬けます。鮮やかなピンク色になるので、彩りとして添えるにもぴったりです。焼き魚にあしらえばいい箸休めに、お弁当に入れておくと、主役のおかずを引き立ててくれて最後まで美味しくいただけます。

お酢は酸味だけではなく旨みもあって、料理に使うと味に奥行きが出ますよね。母譲りの一品、鶏もも肉を白ワインビネガーやしょうゆ、にんにく少々などで煮た「チキンアドボ」や、フライパンで焼き付けた手羽先をお酢で煮込んだもの、さっと揚げた鶏肉やなす、ピーマンを黒酢で煮からめた「酢鶏」もよく作ります。また、仕上げに使えば味を引き締めてくれるように思います。きんぴらやなめたけを作るときは必ず、最後にお酢を少々。この場合は酸味をつけるというより、甘辛さを引き締めて味をぴしっと決める意味合いで使用しています。

フルーツにお酢をプラスすることも。桃や洋梨、いちじくなどにホワイトバルサミコをかけると、それらの持ち味が際立ちます。少々甘さが足りないフルーツなども酸味を加えることで、甘さが引き出されるように思います。フルーツそのものの味わいを立たせるから、『ミニトマトとブッラータチーズのカプレーゼ』（P26）や『洋梨のパルミジャーノがけ』（P75）のようにオリーブオイルや塩、チーズを合わせても成立すると思うのです。熟成したバルサミコ酢でいちごを和えて、それをバニラアイスにかけるのも好きですね。甘酸っぱいいちごの風味が増して、ちょっとしたデザートになります。

よく使うお酢は村山造酢「千鳥酢」ですが、バルサミコ酢もあるし、白ワインビネガー、赤ワインビネガー、シェリービネガーもストックしています。野菜の一皿がほしいなと思ったときに、バルサミコ酢を使えばイタリアンなサラダ、ワインビネガーならビストロ風、千鳥酢なら和食と、同じ野菜なのにバリエーションが広がるように思います。

柑橘類もレモンやゆず、かぼす、すだちなど、それぞれに個性があるから使い分けるのが楽しいですよね。私はとにかくレモンを使うので、常に冷蔵庫には3個以上が入っています。レモンがあれば、『きゅうりのレモンだししょうゆがけ』（P70）や『ツナレモンパスタ』（P144）、サラダやマリネなどがすぐに作れるから、絶対に切らしません。ゆずは、あの香りがあるのとないのでは大違い。『牡蠣うどん』（P152）といった麺類や汁物などには、薄く皮を削いだ「へぎゆず」やすりおろした皮の「ふりゆず」があると格段にクオリティが上がります。フレッシュな酸味と香りがほしいときには、柑橘類の出番です。

梅干しは調味料としても優秀！『豚ばらの梅干し煮』（P160）のように、素材に酸味や塩味、ふくよかな旨みを与えてくれます。もちろん、『キャベツとアスパラガスの梅和え』（P186）のように梅の酸っぱさを立たせたものも大好きです。お弁当のおかずとしてよく作っていたのは、「かじきまぐろの梅みそ照り焼き」。たたいた梅とみそを混ぜ合わせ、かじきまぐろに塗って焼いたものなのですが、梅のおかげで魚のくさみもなく、ご飯にもよく合う一品です。

このように、きゅんとする酸っぱさを存分に楽しんだり、途中で加えて味変したり、箸休めにしたり、さらには料理の味を深めたり……酸味は私の食生活に欠かせないものなのです。

新しょうがのコロコロガリ

作り方／作りやすい分量

小鍋に酢（300㎖）、砂糖（150g）、塩（大さじ1）を入れて木べらで混ぜながら中火にかけ、砂糖と塩が溶けたら火を止めて完全に冷まして甘酢を作る。新しょうが（500g）は赤い茎部分は切り落とし、皮をスプーンなどでこそげ取って1.5㎝角に切る。たっぷりの湯でしょうがを15秒ほどゆで、ざるに上げて水けを切る。粗熱が取れたしょうがを入れて甘酢を注ぐ。ふたをして冷蔵庫で1週間ほどおく。

みょうがの
甘酢漬け

作り方／
作りやすい分量

甘酢の材料（酢大さじ4、砂糖大さじ3、昆布だし大さじ4、塩小さじ½）を混ぜ合わせて甘酢を作る。みょうが（8個）は縦半分に切って熱湯で1分ほどゆで、切った断面を下にしてキッチンペーパーにおき、粗熱を取る。水けを軽く絞って甘酢に漬ける。色がピンクになったら食べられる。保存の目安は4～5日。

キャベツとアスパラガスの梅和え

【材料／2人分】

キャベツ…4～5枚
アスパラガス…2本
梅干し…1個
だししょうゆ
…大さじ1
砂糖…小さじ1
削り節…1袋（3g）

【作り方】

❶キャベツは芯を切り取り、ひと口大にちぎる。水にさらしてパリッとさせておく。アスパラガスは3㎝長さに切る。

❷梅干しは種を取り、包丁でなめらかになるまでたたく。ボウルに入れ、だししょうゆと砂糖を加えて混ぜ合わせる。

❸鍋に湯を沸かし、塩少々（分量外）とキャベツ、アスパラガスを入れ、2分ほどゆでてざるに上げる。

❹③の粗熱が取れたら水けを軽く絞り、②のボウルに入れてざっと混ぜ合わせる。削り節を加えて和え、器に盛る。

ブロッコリーの塩昆布ポン酢

【材料／2人分】

ブロッコリー…½株
塩昆布…大さじ1
ポン酢…大さじ1
塩…小さじ2

【作り方】

❶ブロッコリーは小房に分ける。洗ってから水けを切り、塩をまぶす。沸騰した湯に塩ごと入れ、2分ほどゆでてざるに上げる。

❷①の粗熱が取れたら器に盛り、ポン酢を回しかけて塩昆布を散らす。

Part 8 一年中なべ

主婦にとって、なべ料理は伝家の宝刀。簡単だからこそ、タイミングを見て作ります。

――アリコさん家のなべ事情を教えてください。

冬場のなべ料理は暖を取るためでもあるけれど、うちでは季節を問わず食べています。

――確かにインスタでも通年登場してますよね。寒い時期以外でもなべの気分になりますか？

おかずの一品として考えられるおなべなら、一年中楽しめるんじゃないかな？　たとえば〝豚キムチなべ〟だったら豚肉とキムチを食べるもの、という発想です。

――〝なべ＝温まるもの〟ではなくて、おかずなんですね！

だからうちでは、具材がいろいろ入った寄せなべはあまりやらないんです。

――なべにする日って、ご家族からリクエストされて作るんですか？

言われて作るってことはあまりなくて（笑）。困ったときに〝素材に頼る〟メニューと同じように、手間をかけた料理をする余裕がないときにいいですよね。基本的に具材を入れて火にかけるだけだから作るのは簡単ですし。

――そう考えると、年中作りたくなりますよね……？

だからこそ、しょっちゅうやっちゃダメだなと思っています。いくら簡単で美味しいからといっても、やりすぎると食べるほうは飽きちゃいますよね。ここぞというときに配置しないと。「最近食べてなかったな」と〝敵〟たちが思ったときに満を持して出す（笑）。

――そうか、手抜きと思わせないようにしないと（笑）。

「またなべかぁ」と思わせたら負け。「久々にピェンローはいいよね」なんて言わせたら勝ちです（笑）。【＊1】　タイミングは見計らっていますよ。なべって、忙しいときの伝家の宝刀ですから。

【＊1】
ピェンロー
干ししいたけのだしで白菜、鶏肉と豚肉、春雨を煮た中国のなべ料理。舞台美術家の妹尾河童さんがエッセイの中で紹介したことがきっかけで人気となった。味つけはごま油のみで塩と唐辛子でいただく。

あと、「またなべか」とならないためには、味のバリエーションも大事！

——具材が違うだけで結局、いつもポン酢で食べちゃったりしますよね。

そうなるとメリハリがなくなっちゃいますよね。食べた印象はどれも同じっていう。韓国風、みそちゃんこ、水炊き、カレー味……と味が変わると、それぞれ一つの料理として成立するから、おなべが多少続いても食べ飽きることはないと思います。【＊2】

——具材よりもむしろ味のベースを変えるわけですね。

そして、なんでも入れちゃう寄せなべにしない。豚しゃぶとつくねを一緒に入れてしまうと、その後しばらくは豚しゃぶもつくねも出せなくなっちゃう。豚しゃぶなら豚しゃぶ、つくねならつくねと別々にすると、出せるなべメニューとしては2種類になります。

——寄せなべにするよりも具材を絞ることでバリエーションが広がる。納得です！

あとはなべの最後、〝シメ〟をどうするかでしょうか。ご飯に溶き卵を加えた定番の雑炊はどんななべでも美味しいですが、そこにもこだわるとさらになべが楽しくなります。うどんや中華麺、パスタなどの麺類……インスタント麺も面白いですね。お餅を入れてもいいですし、ご飯にプラスして粉チーズなどひと味加えるのも美味しいと思います。

——アリコさん家のなべといえば、まず『ザーサイ入り鶏だんごなべ』（P196）が思い浮かびます。作り方のポイントを教えてください。

鶏だんごなべは、何よりもザーサイが決め手。塩漬けしたものを使っています。

——瓶詰の味付けザーサイでは代用できませんか？

瓶詰のザーサイにはない、発酵した風味と塩味が大事なんです。そして、絶対に塩抜きしないでくださいね。以前、インスタを見て作ったけれど味が物足りなかったという方がいらっしゃって、聞いてみたらやはりザーサイを塩抜きされていたということがありました。【＊3】

【＊2】
なべの「鍋」
鍋を使い分けて、なべ料理の見え方に変化を持たせるのもアリコさん流。土鍋だけではなく、釜浅商店「手打ち八角鍋」、バーミキュラ「SUKIYAKI」、アルミ製の両手付き鍋などを揃えて、メニューに応じて使い分けている。

寄せなべはしません。

なべは食材を切って煮るだけだから、といろいろな食材を入れる寄せなべにするとむしろ「またなべか」となってしまうのです。とくに肉や魚介は種類を絞ることで毎回食べ飽きません。

——そのままだと塩辛くなりそうですが……

鶏だんごに塩けが移っていい塩梅になるんです。だから、鶏だんごにはしょうゆや塩などを加えなくても大丈夫。そうした調味料が必要ないのは、塩抜きしないザーサイのおかげなんです。しかも、ザーサイの食感で鶏なんこつのようなコリコリ感が楽しめる、といいことずくめ。

——次に、『青菜鶏なべ』（P198）はつけだれが珍しいですね！

これは根岸にあるちゃんこなべ屋さん「玉勝」のおなべを参考にしています。初めて行ったのは、もう30年近く前になるかな？　卵にポン酢、長ねぎ、青のり、一味唐辛子をかけてよく混ぜて。

——卵のまろやかさにポン酢の酸味、青のりと一味の風味がアクセントになっています。

あっさりとした鶏肉と青菜によく合うんです。野菜がいくらでも食べられるたれです。

——たっぷりのお野菜も「玉勝」スタイルなんですね。

初めに入れた鶏肉が見えないくらい、どっさりと盛るのがいいですよね。ニラやほうれん草、水菜のほか、白菜などの季節野菜を加えてもいいと思います。具材は青菜と鶏肉だけ、というシンプルさだからこそ鶏だしスープは美味しいものを使うのがおすすめです。

——アリコさんが愛用しているスープはありますか？

五反田にある「信濃屋」の鶏だしが好きです。鶏肉専門店だから間違いのない味で、冷凍できるし、ひとつあると便利ですよ。

——材料が少ないときは、少し奮発していいものを使うのもコツですね。

はい。いいスープで煮れば、もうそれだけで美味しい！

——このおなべだと、シメは何がいいですか？

うどんとお餅を入れる「玉勝」式で楽しんでいます。

【＊3】
ザーサイは塩抜きせずに使う
鶏だんごなべの場合はザーサイの塩けが味の決め手なので、そのままスライスして使う。おつまみとして食べるときなどは切ってから水につけて塩抜きを。

手軽な豚ばら肉でモツなべ風に。キャベツ1玉なんてあっという間。

――『豚ばら肉のモツなべ風』（P200）、こちら、まさにモツなべ風で美味しかったです！　モツを使うなら、やっぱり専門店の新鮮なもので作りたいけれど、手に入れるのはちょっと難しいですよね。もっと気軽に食べたいから豚ばらで作りました。

――モツなべって専門店じゃないとなかなか食べられないから、このなべは嬉しいです。

和風だしににんにくを効かせて、キャベツとニラを入れて、そこに豚ばらを加えるだけでちゃんと成り立ちますよね。

――美味しく作るコツってありますか？

コツなんてないくらいですが……　にんにくはぜひチューブではない新鮮なものを使ってください。【＊4】　スープの味が断然違います。あとは豚ばらのゆで方ですね。グラグラと沸いた熱湯に豚肉を入れると硬くなっちゃうから、お湯がふつふつしてきたくらいの温度でゆでること！　そうするとしっとりと柔らかく仕上がります。【＊5】

――なるほど。だからお肉がジューシーで旨みもしっかりあったんですね。

あとは、キャベツとニラをびっくりするくらい用意してください。野菜がいっぱいないと様にならないんです。お店で出されるなべのように映えますし（笑）、食欲もそそりませんか？　とにかく野菜はたくさんご用意を。もっと用意しておけばよかった、となるのはもったいないですから。気がつくと山盛りの野菜がなくなっているはず。

【＊4】
にんにくはフレッシュなものを
チューブタイプのにんにくは便利ですが、にんにくが味を支えてくれる料理の場合はぜひ新鮮な生のものを。

【＊5】
豚スライス肉は沸騰した湯でゆでない
このなべに限らず、豚ばら、豚ロースなどのスライス肉をゆでるときは、ふつふつするくらいの湯で。

具だくさんなべならではのスープの旨みはリゾットにして楽しみます。

――『トマトなべ』（P202）は、豚肉に鶏肉、野菜、きのこと盛りだくさんですね。

おなべに使う具材は絞りたい派なんですが、これに限ってはいろいろ入れます。煮込んでいくとスープの旨みがぐっと増していきますよ。

――煮込む前と後、スープの味が全く違いました！

トマトジュースの酸味が取れて、まろやかになりますよね。このなべはレシピ通りでなくても、好みのお肉や野菜などの具を入れて楽しんでください。貝や海老などの魚介類を使ってもいいと思います。

――具材に決まりはないんですね。

ソーセージ、できればシャウエッセンはぜひ。燻製香がほんのりとして、スープの味わいに深みが出ます。あとはトマトも。この湯むきしたトマトを崩しながらいただくと、フレッシュさがプラスされて美味しいんです。

――そしてたくさんの旨みが溶け込んだスープを余さず味わうべく、シメは必食ですね！

ご飯を入れたら、すりおろしたパルミジャーノ・レッジャーノをふんだんにかけ、イタリアンパセリを散らしてリゾット風にしています。【＊6】　なべを食べたあとでも驚くほど食べられちゃいますよ。

【＊6】
粉チーズでリゾット風に
トマトなべのシメはご飯にパルミジャーノ・レッジャーノをすりおろして加え、リゾット風にしていただくと格別。ピザ用のシュレッドタイプならより親しみやすい味わいに。

ザーサイ入り鶏だんごなべ

【材料／4人分】

鶏ひき肉…600g
ザーサイ…小1個
（みじん切り大さじ6）
長ねぎ…½本

A
卵…1個
しょうがすりおろし
…1かけ分
片栗粉…大さじ2

水菜…1束
ニラ…1束
えのきだけ…1袋
ごま油…適量

【作り方】

❶ザーサイは洗って水けをふき取り、みじん切りにする。長ねぎはみじん切りにする。水菜、ニラ、えのきだけは根元を切り落とし、ざく切りにする。

❷ボウルに鶏肉を入れ、ザーサイと長ねぎ、Aを加えて混ぜ合わせる。

❸鍋に水（分量外）を入れて中火にかけ、沸騰したら②のたねをスプーンですくって落とし入れる。浮き上がってきたら、水菜、ニラ、えのきを加えてさっと煮て、ごま油をひと回しかける。

❹お好みでポン酢しょうゆやゆずごしょう、ラー油、刻んだあさつきなどを添える。

【美味しいメモ】

1 ― ザーサイは塩抜きせずに！風味と食感を生かすコツ。

2 ― 鶏だんごから旨みが出るからだしが必要ありません。

3 ― シメは残ったスープに冷凍うどんや中華麺を入れて。

なべのシメは
細めのうどんで

鶏だんごの旨みが移ったスープでいただきたいシメは細めのうどん。中華麺も美味しい。

青菜鶏なべ

【材料／4人分】

鶏もも肉…2～3枚
しょうが…1かけ
スープ
　水…1ℓ
　酒…100㎖
　鶏がらスープの素
　（顆粒）…大さじ2
水菜…1束
ほうれん草…1束
ニラ…1束
えのきだけ…1束
つけだれ
　卵…4個
　ポン酢…適量
　長ねぎ…適量
　青のり…少々
　一味唐辛子…少々

【作り方】

❶鶏もも肉はひと口大に切る。しょうがは薄切りにする。青菜類とえのきだけは根元を切り落とし、10㎝長さに切る。
❷鍋にスープの材料、鶏肉、しょうがを入れて強火にかける。沸騰したら中火にしてアクを取り除きながら10分ほど煮込む。
❸②の上に野菜とえのきだけをたっぷりとのせる。鍋にふたをして火にかけ、野菜がくったりとするまで煮る。
❹つけだれを作る。器に卵を割り入れ、ポン酢、小口切りにした長ねぎ、青のり、一味唐辛子を入れる。
＊シメにはうどんと切り餅を入れると、メニューの参考元の「玉勝」風に楽しめる。

【美味しいメモ】

1
シンプルな具材にひと工夫あるたれがポイント。

2
元祖〝玉勝〟スタイルで、おすすめのシメはうどんと餅。

豚ばら肉のモツなべ風

【材料／4人分】

豚ばら薄切り肉
…4～500g
玉ねぎ…½個
キャベツ…小1個
ニラ…1束
にんにく…1かけ
赤唐辛子…1～2本
すりごま…適量

スープ
だし汁…1ℓ
しょうゆ…大さじ2
みりん…大さじ2
にんにくすりおろし
…1かけ分
塩…小さじ1

【作り方】

❶豚ばら肉は3～4cm幅に切る。鍋に湯を沸かし、豚ばら肉をさっと湯通ししてざるに上げる。

❷玉ねぎは8mm幅の薄切りにする。キャベツは食べやすい大きさにちぎる。ニラは5～6cm長さに切る。にんにくは薄切りにする。赤唐辛子は小口切りにする。

❸鍋にスープの材料と玉ねぎを入れ、その上に豚ばら肉、キャベツ、ニラを盛る。にんにく、赤唐辛子、すりごまを散らす。火にかけ、野菜に火が通れば完成。

＊シメには、もつ鍋と同様にちゃんぽん麺を入れるのがおすすめ。

【美味しいメモ】

1 ― 豚ばらはさっと下ゆでしてアクを除き、柔らか仕上げに。

2 ― シメには博多風にちゃんぽん麺でも。

トマトなべ

【材料／4人分】

鶏もも肉…1枚
豚肩ロース肉
…200g
ウインナーソーセージ
（シャウエッセン）…4本
玉ねぎ…1個
キャベツ…1/4個
パプリカ…1/2個
ピーマン…1個
しめじ…1/2パック
エリンギ…3本
スープ
トマト…1個
トマトジュース
…700㎖
水…100㎖
めんつゆ
（3倍希釈のもの）
…大さじ3〜4
にんにくすりおろし
…1かけ分
コンソメ顆粒…小さじ2

【作り方】

❶鶏もも肉はひと口大のそぎ切りにする。豚ロースは3〜4㎝幅に切る。ウインナーソーセージは1㎝幅の切り込みを入れる。玉ねぎは8㎜幅の薄切りにする。キャベツは3〜4㎝角に切る。パプリカとピーマンはへたと種を取って1.5㎝幅に切る。しめじは石づきを切り落としてほぐす。エリンギは食べやすい大きさに切る。トマトは皮を湯むきして4等分に切る。

❷鍋にトマト以外のスープの材料を入れて中火にかけ、沸騰したら鶏肉、豚肉、玉ねぎを加える。火が通ったらウインナーソーセージ、野菜類、きのこ類を加える。

❸食べる直前にトマトを加え、火が通れば出来上がり。

＊シメにはご飯とパルミジャーノ（なければシュレッドチーズ）を入れてリゾットに。

【美味しいメモ】

1 ― お好きな具材＋シャウエッセンがマスト！

2 ― スープの旨みを吸わせたリゾットで締めくくりを。

インスタントとのつきあい方

私のインスタグラムをご覧になってくださる方はよくご存じかもしれませんが、インスタントやレトルト食品も活用しています。「サッポロ一番 塩らーめん」にトマトとキャベツを足したトマトタンメンは、幾度となくインスタに上げていますが、投稿するたびに作り方を尋ねられるほど。「中華三昧 赤坂榮林 酸辣湯麺」には豆腐やえのきだけを加えてアレンジしたり、「マルちゃん正麺 醤油味」にニラや玉ねぎ、にんじんをたっぷりのせて広東麺風にしたり。パッケージの表示通りに作ることはほぼないかもしれません。スープはたっぷりあるのが好きだから、指定された分量よりも水を1カップほど多く加えます。そうすると当然、味が薄まってしまうから、本来の味を邪魔しないように鶏がらスープの素と塩で調整します。さらに野菜を足して、仕上げにごま油を少したらして……インスタントラーメンをたたき台にして、元々の味を尊重しつつ、味を補うつもりで手を加えています。

インスタントラーメンはそのまま作っても、もちろん美味しいものです。若い時分だったら素ラーメンを鍋ごと食べたりして(笑)、青春の1ページとしてはいいかもしれませんが、大人が食べるにはちょっと侘しかったりもします。お母さんが家族に出すなら、もとの味をベースと考えて、ひと手間をプラスした〝おうちの味〟に仕上げるのがおすすめです。

常々、インスタントやレトルト食品は、面倒な下ごしらえをやってくれた半製品と考えています。そんな、ありがたい素材は大いに利用したいもの。例えば、杏仁豆腐をイチから作ろうとしたら、杏仁（杏の種子の中にある核）を水に一晩漬けて、粉砕して、搾って……と途方もなく手間がかかってしまいます。私が好きな杏仁豆腐の素、聘珍樓の「杏仁豆腐 杏雲」なら、熱湯で溶かして牛乳を加え、冷やし固めるだけ。老舗が手掛けるだけあって、簡単なのに杏仁の香りがしっかりある本格派なのです。さらにコクとなめらかさがほしくて、私は牛乳の¼量を生クリームにしています。レモン汁を加えたシロップをかけるのもさっぱりとして美味しいし、季節のフルーツを組み合わせてもまた楽しい。『杏仁豆腐メロンソース』(P206)は、スプーンですくった杏仁豆腐をすりおろしたメロンのソースに浮かべました。夏ならシャリシャリとしたすいかと一緒にしたり、瑞々しい桃や甘酸っぱいいちごを添えたものも好物です。つるんと食べられる、優しい甘さの杏仁豆腐は、わが家の定番おやつのひとつです。

　レトルトのグリーンカレーもアレンジして使います。めんつゆとだしを合わせて、鶏肉やパプリカ、なすなどを煮たところにグリーンカレーを投入。これをつけだれとして稲庭うどんをすすれば、稲庭うどんの名店「佐藤養助商店」のグリーンカレーつけ麺風になります。濃さを加減しながら、めんつゆで割るだけでもいいと思います。よく使うレトルトは、ヤマモリの「タイカレー グリーン」、辛めなら無印良品「素材を生かしたカレー グリーン」も美味しいです。

　普通のレトルトカレーなら、カレーうどんにアレンジします。吉田ハムの「飛騨牛ビーフカレー」など、美味しいレトルトカレーをめんつゆでのばして、ゆでたうどんにかけて楽しみます。だしとカレー粉で作ろうとすると旨みを出したり、とろみをつけたりと大変だけど、レトルトカレーを使うと簡単にコクのあるかけつゆに。さらに刻んだ長ねぎや九条ねぎ、お揚げ、しめじを入れたら、具だくさんで贅沢なカレーうどんが完成します。

　キャンベルのスープ缶を使った「ブロッコリーライスグラタン」は実家の母譲りの味。「クリームマッシュルーム」の濃縮スープを牛乳でゆるめ、炒めた玉ねぎとマッシュルーム、鶏ささみ、ご飯を混ぜて耐熱容器に移します。ブロッコリーをのせ、チーズをかけたらオーブンへ。クリーミーなスープがホワイトソース代わりになって、意外なほどあっさり。寒い季節がやってくると、この熱々トロリなグラタンが食べたくなります。

缶詰ならツナ缶も役に立つ食材。リピートしているのは由比缶詰所の「特撰まぐろオリーブ油漬」で、上質なオリーブオイルを使っているから油切りする必要なく、油ごと使えるのも嬉しい缶詰です。『ツナレモンパスタ』（P144）をはじめ、さまざまなメニューに活躍してくれます。キャベツとブロッコリーにこのツナを加えたペペロンチーノや、冷たいそうめんにトマトと盛り合わせたり。この缶詰の美味しさは太鼓判を押せます！

粉末カップスープも使い勝手のよい素材ですね。サワークリームにオニオンコンソメスープを混ぜると、ポテトチップスでおなじみのサワークリーム&オニオン味のディップになります。ポタージュスープは牛乳に溶かし、ゆでたブロッコリーとツナを加えてチーズをかけ、オーブンで焼けばグラタンに。ポタージュスープが味のベースになってくれるから、ホワイトソースがなくてもOKなのです。

コチュジャンなどを駆使してもなかなか味が決まらないキムチ鍋も、レトルトにお世話になっています。なべスープの素をだしで割って、めんつゆで味を調えて。そこにキムチを加えることでフレッシュな旨みを出すようにひと工夫しています。ダイショーの「辛口キムチ鍋スープ」をよく使いますが、久原醤油の「あごだし鍋」シリーズもお気に入りです。どれも美味しくて外れがないと思います。

インスタントやレトルト食品はストックしておけるから、「今日は時間がない！」というときにぱっと使えるのも助かりますよね。〝インスタント＝手抜き〟と見なす風潮がなきにしもあらずだから、罪悪感を抱くかもしれないけれど、インスタント食品はあくまでも素材のひとつ。そこから自分の味に仕上げていけば、立派な料理だと思います。ときには、手間がかかる部分をインスタントにお任せして、時短できてお財布にも優しいおうちごはんを登場させています。

杏仁豆腐
メロンソース

作り方／4人分
ボウルに「聘珍樓 杏仁豆腐 杏雲」（1袋・75g）と熱湯（300㎖）を入れて1分ほどかき混ぜ、牛乳（150㎖）と生クリーム（50㎖）を加え混ぜる。バットに流し冷蔵庫で冷やし固める。メロン（½個）はおろし金で粗くすりおろし、砂糖（大さじ1.5）とレモン汁（½個分）を加え混ぜる。器にメロンソースを注ぎ、杏仁豆腐をスプーンですくって浮かべる。

Part 9 〝お母さんが作る〟デザート

料理の合間に作れるくらい簡単で、食後にさっぱりと嬉しい「お母さんが作るデザート」。

——アリコさんは料理をあれこれ作ったあとに、デザートをさらっと出してくれるから驚きます。

デザートってちょこっとでもあると嬉しいですよね。まさに別腹というか、満腹だったとしても意外とするりと入っちゃう（笑）。

——まさに！　でも、お菓子は料理より手間がかかるものが多いから作るのが大変では？

私が作るのはテクニックがいらないものばかりなんです。ご飯を作る合間にでもできるような、2〜3工程だけの簡単なおやつ。『焼きりんご』（P209）【＊1】だって、オーブンに入れている間はほかのことができますし。

——食事中、いい香りが漂って幸せな気分になりそうです（笑）。

焼き立て、作り立てを食べられるのが、おうちスイーツの醍醐味ですよね。焼きりんごは粗熱が取れたら、バニラアイスを添えても美味しいと思います。

——生のりんごそのままより、ちょっと手を加えると一気に〝デザート〟になりますね。

フルーツだけじゃもの足りない、少し甘いものがあると嬉しいな、というときにいいですよね。

——かといって、重たくないからぺろっと食べられます。

おやつの時間に、お茶やコーヒーといただいて美味しいお菓子ってあると思うんです。でも、それだと食後にはちょっとトゥマッチじゃないですか？　それなりにお腹が満たされたあとにはさっぱりとしたものが食べたいなと。歯ざわりが硬いものよりつるんと柔らかいもの。どっしりと甘いものより、うす甘いもの。そんなデザートが好きでよく作るんです。水菓子感覚と

【＊1】
焼きりんご
作り方／2人分
ボウルに室温に戻した無塩バター（25g）、きび砂糖（25g）を入れてすり混ぜ、レーズン（25g）を加えて混ぜ合わせてフィリングを作る。りんご（2個）はよく洗い、竹串で突いて全体に穴を開ける。底を少し残して芯をくり抜き、それぞれにフィリングを詰めて、シナモンスティック（2本）を差す。耐熱容器に並べ入れて、200℃に予熱したオーブンで30分ほど焼く。

いうか……。「お母さんが作るデザート」っていう感じのものかしら。

桃とラズベリーを組み合わせた、王道デザートコンポートを作っておけばいつでも楽しめる。

――『ピーチメルバ』（P214）なんて、フレンチレストランみたいです。【＊2】

毎年、山梨から桃をお取り寄せしていて、たくさん届いたらコンポートにしているんです。これを冷蔵庫で冷やしておけば、バニラアイスとラズベリーソースを添えるだけで完成。今回は高さのあるグラスに盛りつけましたが、平たい器でも。

――コンポートを作り置きしておくといいですね。

はい、いつでも簡単に作れます。そうそう、コンポートの煮汁もデザートになるんです。ゼラチンで固めてゼリーにして、バニラアイスと一緒に食べるのが好きで。コンポートを作ったら、ぜひ試してみてください！

黒砂糖の甘さが優しいゼリーにはバニラアイスとフルーツがよく合います。

――『黒糖ゼリー』（P216）は懐かしさを感じる味わいです。

そのままでも美味しいですが、バニラアイスと果物を添えると、ぐっと見栄えもしますし、満足感が出ます。フルーツはいちごでもバナナでもお好きなもので。カリッとした硬めの食感があるものより、柔らかいものが合うと思います。

【＊2】
ピーチメルバ
オーストラリアのオペラ歌手のメルバさんが由来というデザート。ピーチメルバの基本は、バニラアイスに桃のコンポートを添え、ラズベリーソースをかけたもの。アーモンドスライスを散らしたりも。

――ゼリーって実は簡単で、アレンジがきくデザートなんですよね。

ゼラチンを溶いて固めるだけですものね。味わいもうす甘くて、口当たりも優しいので、私のイメージする「お母さんが作るデザート」はまさにこれ。よく母が作ってくれたおやつでも、「水ゼリー」と呼んでいるものがあるんです。

――水ゼリー⁉　どんなものですか？

その名の通り、水を固めたゼリーなんですよ。砂糖を加えずに、缶詰のフルーツやバナナをたっぷり入れるんです。果物だけの甘さでさっぱりといただきます。【＊3】

牛乳にあんこを溶かしながら、小さめの白玉をすくって召し上がれ。

――バニラアイス、活躍してくれますね。コンポートやゼリーなどに添えて。

のせるだけでミルキーな美味しさをプラスしてくれるから便利ですよね。生クリームのように泡立てる必要もないし。『白玉小豆ミルク』（P218）でも、牛乳の代わりにバニラアイスを使ってもいいと思います。

――『白玉小豆ミルク』は牛乳だから、これも〝うす甘い〟仕上がりです。

牛乳にあんこを溶かしながら食べるのって意外にハマる味ですよね。ミルクぜんざいみたいというか。ちなみに、ココナッツミルクで作ったこともあるんですが、そうすると、エスニックな味わいのデザートになります。ココナッツミルクを使い切れなかったときにおすすめです。

【＊3】
水ゼリー
作り方／4人分
板ゼラチン（15g）は冷水少量でふやかす。小鍋に水（400㎖）を入れて中火にかけ、60℃くらいになったら火から下ろして水けを切ったゼラチンを加えて溶かす。粗熱が取れたら、レモン汁（½個分）を加え混ぜる。バットに流し、輪切りにしたバナナ（1本）、ひと口大に切った缶詰のフルーツ（正味約250g）、ブルーベリー（適量）などを散らし、冷蔵庫で冷やし固める。スプーンですくって器に盛り、お好みでレモン汁とはちみつをかける。

メレンゲをつぶさないような生地作りがふわふわな焼き上がりの決め手です。

若山曜子先生のお教室で習った「台湾カステラ」ですが、今回バナナを加えて『バナナカステラ』（P220）としてアレンジしました。角型の耐熱ガラスで焼く、段ボールなどで型を作らなくていいレシピです。

――型を用意しなくていいのは気が楽です。

ご家庭のオーブンによって火の入り方が違うと思うので、焼き時間などは作りながら加減してくださると嬉しいです。

――生地作りでコツはありますか？

まず、メレンゲの1/4量ほどを卵黄生地に入れてよく混ぜます。それをメレンゲに戻し入れて混ぜ合わせるんです。一気に混ぜると生地に硬さの差がありすぎてなじみにくいんですよ。はじめに少量を混ぜておくと、残りのメレンゲに混ぜ込みやすくなります。【＊4】

――ふんわりと焼き上げるポイントですね。

焼き立てのふわふわもいいし、1日おいてしっとりなじんだものも美味しいです。そして肝心なのが、バナナは皮が黒っぽくなるまでしっかり熟したものを使ってください。香りが断然違います！　スーパーの見切り品コーナーにそんなバナナがあったら、実は狙い目です。いただくときは、マスカルポーネと生クリームを混ぜたクリームを添えるのもおすすめですよ。

【＊4】
メレンゲを
つぶさない

メレンゲに卵黄の生地を一度に入れず、まずは1/4量のメレンゲを卵黄生地に入れてなじませてからメレンゲのボウルに戻し混ぜる。メレンゲの気泡がつぶれずふっくら焼き上がる。

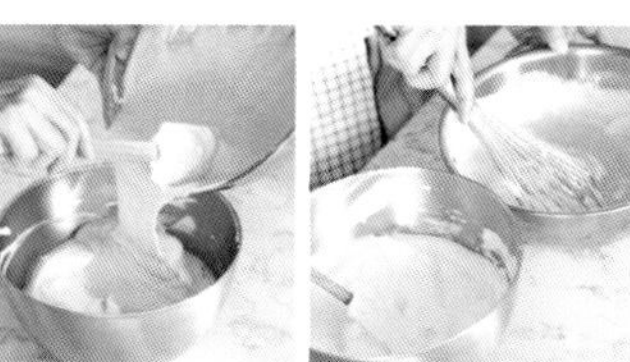

ピーチメルバ

【材料／4人分】

桃のコンポート
　桃…4個
　白ワイン…100㎖
　グラニュー糖…50g
　レモン汁…大さじ1
ラズベリーソース
　ラズベリージャム
　　…大さじ4
　水…大さじ3
プレーンヨーグルト
　…適量
バニラアイスクリーム
　…適量
ミントの葉…適量

【作り方】

❶桃のコンポートを作る。桃は縦半分に包丁を入れ、種に沿ってぐるりと一周切り込みを入れる。左右をねじるようにして2つに割る。種をスプーンなどで取り除き、皮をむく。鍋に白ワイン、グラニュー糖、レモン汁を入れて中火にかけ、沸騰したら、桃を加えて落としぶたをし、弱火で20分ほど煮る。火を止めてそのまま冷まし、冷蔵庫へ入れて冷やす。

❷ラズベリーソースを作る。小鍋にラズベリージャムと水を入れて弱火にかけて混ぜ合わせ、なめらかになったら火を止めて冷ましておく。

❸①の桃の半分は2㎝角に切り、器に入れる。ラズベリーソース、ヨーグルト、バニラアイスクリームを重ね、残りの桃をのせる。さらにラズベリーソースとヨーグルトをかけてミントをのせる。

黒糖ゼリー

【材料／4人分】

黒砂糖…120g
板ゼラチン…10g
水…600㎖
いちじく…適量
バニラアイスクリーム…適量

【作り方】

❶板ゼラチンは冷水（分量外）に入れてふやかす。
❷鍋に水と黒砂糖を入れて中火にかけ、木べらなどで混ぜながら煮溶かす。黒砂糖が溶けたら火から下ろし、水けを切った①を加えて溶かす。粗熱が取れたら、バットに流し入れ、冷蔵庫で冷やし固める。
❸②をスプーンですくって器に盛り、ひと口大に切ったいちじくとバニラアイスクリームを添える。

白玉小豆ミルク

【材料／3人分】

白玉粉…100g
水…80㎖
粒あん…大さじ2〜3
牛乳…150㎖
バナナ…1本

【作り方】

❶白玉を作る。ボウルに白玉粉を入れ、水を少しずつ加えながら耳たぶくらいの硬さに練り、小さく丸める。沸騰した湯に入れ、浮いてきたらさらに10分ほどゆでる。水に取り、冷めたら水けを切る。
❷バナナは1cm厚さに切る。
❸器に白玉、粒あん、バナナを盛り、牛乳を注ぐ。

バナナカステラ

【材料／21×21㎝の角型1個分】
薄力粉…60g
米油（またはサラダ油）…60g
牛乳…50㎖
卵…6個
きび砂糖…90g
完熟バナナ…1本

【下ごしらえ】
ボウルに米油を入れて湯せんにかけ、60℃くらいに熱する。牛乳は人肌くらいの温度に温める。卵は卵黄と卵白に分ける。バナナはフォークなどでつぶす。型にオーブンシートを敷く。オーブンは170℃に予熱する。

【作り方】
❶米油が入ったボウルに薄力粉をふるい入れ、泡立て器で混ぜ合わせる。牛乳を数回に分けて加え、その都度よく混ぜる。卵黄を入れて混ぜ合わせ、なめらかになったら、バナナを加えてさらに混ぜる。
❷別のボウルに卵白ときび砂糖を入れ、ハンドミキサーで泡立てて、ツノが立つくらいのメレンゲにする。
❸②の1/4量ほどを①に加えてしっかりと混ぜ合わせ、②に戻し入れて泡立て器でむらなく混ぜる。
❹型に流し入れ、ゴムべらなどで表面をなめらかにならす。オーブンに入れて170℃で30分ほど焼く。

さいごに

小さな頃から食いしんぼうで食べるのも作るのも大好きでした。料理上手の母が作る料理を食べて大きくなり、自分で料理するようになってからもいろいろな料理教室へ行ったり、レシピ本を買ったり、外食した際に刺激をもらったりといつも美味しいものを自分なりに探してきました。料理教室で教えてもらったレシピ、料理本に載っているレシピはまずレシピ通りに作ってみます。そこから、「酸っぱいのが好きだからレモン汁を増やしてみよう」とか「スパイス使いを少しおだやかにしてみよう」とか、わが家の好みに合わせて自分流に調節していきます。

また、子どもの成長とともに好まれる味にも変化が出てきます。食べられなかった香味野菜を美味しく感じるようになったり、じんわり沁みるようなおだしの味がわかるようになったり……。同じレシピでも季節によって使う食材を変えたり、味つけを濃くしたり薄くしたりと調節するのもいつものこと。何度も作り続けていくうちに自分の味覚にしっくりくる味やコツがなんとなくわかるようになってきます。こうして少しずつレパートリーが増えていくと、その組み合わせで献立作りの幅も広がっていきます。

もちろん疲れて料理したくないと思うときもありますし、手抜きしたくなることもあります。それでも帰宅時間が遅くなって急いで料理を作らなければいけないとき、買いものに行けずにパントリーや冷蔵庫のあり合わせで何とか乗り切らなければいけないときでも、焦らず騒がず食卓を調えることができるようになればこちらのもの。あり合わせで作った一品を「これ、うまい！」などと言われたら台所を預かるものとしてはまさに冥利に尽きる瞬間です。時間があるときはじっくり手をかけて作る方が美味しいものを、時間のないときはむしろ、ちゃちゃっと簡単に作った方が美味しいものをと、料理は本当に自由自在です。

こうして集まってきたたくさんのレシピをどう使いこなせるか、それはもう経験の積み重ねと発想次第だと思います。自分なりに日々実践している〝美味しく食べるためのルーティン〟を今回、改めて見直してみました。インスタグラムで作り方を聞かれたときなどにお答えしている簡単なレシピに加えて、限られたスペースではお答えしきれないちょっとしたコツや工夫があることをお知らせできたらとこの本を作りました。少しでもご参考になれば、そして料理をするのが楽しいと思っていただけたら幸いです。

最後に、素敵に写真を撮ってくださった福本和洋さん、須藤敬一さん、私らしさを大切にコーディネートしてくださったＹＵＫＯさん、膨大な言葉をわかりやすい形にしてくださった首藤奈穂さん、こだわりのデザインを作り上げてくださった平岡規子さん、そして前回の『ａｒｉｋｏのごはん』に続いて、じっくり向き合って編集を担当してくださった山本忍さんに心から感謝いたします。

２０２０年　11月末日　ａｒ･ｉｋｏ

ariko／アリコ

『CLASSY.』『VERY』など人気ファッション雑誌を担当するエディター、ライター。インスタグラム（@ariko418）に投稿するセンス溢れる料理の写真と食いしん坊の記録が話題を集め、フォロワー数は現在16万人超え。著書は『arikoの食卓』シリーズ（ワニブックス）、『arikoのごはん』（講談社）、『ありこんだて』（光文社）ほか。

撮影／福本和洋（左記以外）
須藤敬一（p29,39,68,88,121,175,179,181,187,197）
スタイリング／YUKO（+y design）
デザイン／平岡規子
構成／首藤奈穂
調理アシスタント／
井上裕美子
上田典利惠

arikoの美味しいルーティン

2020年12月2日　第1刷発行
2021年1月8日　第2刷発行

著者　ariko

発行者　渡瀬昌彦
発行所　株式会社　講談社
〒112-8001 東京都文京区音羽2-12-21
編集　☎ 03-5395-3447
販売　☎ 03-5395-3606
業務　☎ 03-5395-3615

印刷所　大日本印刷株式会社
製本所　大口製本印刷株式会社

ISBN 978-4-06-522050-4